Claudia Lazar studierte Diplom-Sport inklusive Prävention und gesunde Ernährung. Seit mehreren Jahren arbeitet sie als Lektorin und Buchautorin. Bei Königsfurt-Urania erschienen von ihr zahlreiche Wohlfühlkarten mit Rezepten zu *Vegetarischem Genuss, Superfoods, Süßem Leben* sowie *Entspannungsübungen fürs Büro*. Sie ist Mutter von vier Kindern mit viel Fantasie und Expertin für schnelle gesunde Rezepte.

Monika Cordes arbeitet als Diplom-Kunsttherapeutin mit anthroposophischem Hintergrund und Galeristin. Die leidenschaftliche Köchin liebt Kreativität auch in der Küche. Sie entwickelte für Königsfurt-Urania gemeinsam mit Claudia Lazar bereits zahlreiche Rezepte.

Claudia Lazar

Monika Cordes

SUPERFOODS
aus der Heimat

KÖNIGSFURT–URANIA

Bibliographische Information der Deutschen Nationalbibliothek
Die Deutsche Nationalbibliothek verzeichnet diese Publikation in der Deutschen Nationalbibliographie;
detaillierte bibliographische Daten sind im Internet über http://dnb.d-nb.de abrufbar.

Originalausgabe
Krummwisch bei Kiel 2016

© 2016 by Königsfurt-Urania Verlag GmbH
D-24796 Krummwisch
www.koenigsfurt-urania.com

Umschlaggestaltung: Jessica Quistorff, Schülp b. Rendsburg, unter Verwendung folgender Motive von Fotolia.com: »Fresh beans over a wooden background« © bit24
Abbildungen/Illustrationen: Bildquellen auf Seite 159

Lektorat: Nicola von Otto, München
Satz und Layout: Antje Betken, Oldenbüttel
Druck und Bindung: Finidr s.r.o.
Printed in EU

ISBN 978-3-86826-142-4

Inhalt

Einladung – mit Lust und allen Sinnen

Begeisterung ist ansteckend! Wir sind begeistert von den vielfältigen Gemüse- und Obstangeboten hier bei uns. Wir wollen Sie anstecken! Aktivität und frische Luft machen vital. Gönnen Sie sich, an einem milden sonnigen Herbsttag über den Wochenmarkt zu schlendern und sich die üppigen Auslagen der Nahrungsmittel in ihren bunten Farben anzuschauen. Gehen Sie nach draußen, ins Freie, um wirklich mit allen Sinnen zu er-leben.

Oder atmen Sie die frische Atmosphäre eines Bauernmarkts an einem etwas regnerischen Frühsommermorgen ein.

Es gibt so viele neue Gemüsesorten zu bestaunen. Fragen Sie nach, wie sie schmecken, wie man sie zubereitet. Verschiedenste Apfelsorten laden zum Beschnuppern und Probieren ein und erinnern mit dem Geschmack alter Sorten an die Kindheit. Nehmen Sie Quitten mit ihrem zarten Flaum oder glatte Kürbisse in die Hand. Plaudern Sie mit den bäuerlichen Anbietern und zeigen Sie Ihre Freude am Angebot. Und motivieren Sie ruhig einmal die Landwirte mit Ihrem Lob. Ein Erlebnis dieser Art ist rundum erfrischend und bringt richtig Spaß und Lust, sich mit diesen Nahrungspflanzen einzudecken. Und große Dankbarkeit, hier zu leben, wo uns Lebensmittel am Ort gewachsen in Hülle und Fülle zur Verfügung stehen.

Eine tolle Erfindung sind die Tage der offenen Bauernhöfe. Gehen Sie in Hofläden oder schauen Sie sich in Bioläden um oder einfach nur bei der bunten Vielfalt im Supermarkt. Vergleichen Sie die Herkunftsorte und lernen Sie so Ihre Nahrung besser kennen. Ihr erster Schritt zur Super-Ernährung ist getan: mit diesem Buch in Ihrer Hand.

Superfoods aus der Heimat. Der Titel des Buches greift ein aktuelles Schlagwort aus aller Munde auf. Und stellt klar dar, dass der Name Superfood zwar von einem anderen Kontinent kommt, Superfoods aber auch in unserer näheren Umgebung gedeihen, einfach zu beschaffen und erschwinglich sind. Wenn wir »einfach« sagen, meinen wir das außerdem im Sinne von »simplify your food«. Vieles spricht dafür, zu einfacher Zubereitung ohne Zusatzstoffe zurückzukehren, weg von der Quantität verarbeiteter Lebensmittel zu denen mit hoher Qualität, unverarbeitet, unbehandelt und voller sinnlichem Geschmack.

Es tut sich etwas auf dem Markt. Blättern Sie einmal in einem Samenkatalog, beschauen Sie sich das Samensortiment eines Pflanzenhandels oder bewundern Sie viele neue alte Sorten auf dem Wochenmarkt. Es ist erstaunlich, welche Entdeckungen dort zu machen sind. Neben dem »Wiederausgraben« alter Gemüse- und Obstsorten sind interessante Neuzüchtungen zu finden.

Wir haben eine Auswahl dieser pflanzlichen Nahrungsmittel für Sie getroffen, die besonders hochwertige Nährwerte enthalten, Superfoods eben. Dabei haben wir auf Verfügbarkeit, regional und saisonal, geachtet, auf Abwechslung im Speiseplan, und für jede Jahreszeit Rezepte entwickelt.

Begleiten Sie uns dabei, mit Lust und Sinnen Essen zu erleben, von der Beschaffung über das Vorbereiten bis hin zum genussvollen Verzehren. Wir feiern das Leben.

Viel Spaß und guten Appetit wünschen
Claudia Lazar und Monika Cordes

EINLADUNG 7
mit Lust und allen Sinnen

Superfoods – Spitzennahrung

Hinter der US-amerikanischen Idee von »Superfoods« steckt ein wirklich bestechender Gedanke: Kann man den Prozess der zunehmenden Überernährung mit leeren Kalorien umdrehen und stattdessen wenig Kalorien, aber jede Menge wertvollster Nährwerte zu sich nehmen? Also Superfood statt Fast Food. Klasse statt Masse.

Was sind Superfoods?

Superfoods sind natürliche Spitzennahrung: Nahrungsmittel mit einem hohen Anteil an Mikronährwerten wie Vitaminen und Mineralien, sekundären Pflanzenstoffen, Antioxidanzien und weiteren gesundheitsfördernden Stoffen. Superfoods haben viele Mikronährstoffe pro Kalorie. Sie sind keine Nahrungsergänzungsmittel, sondern Kraftpakete aus der Natur. Superfoods sind nicht verarbeitet im Sinne von denaturiert, sondern teilweise pulverisiert oder getrocknet oder werden als Fruchtmus angeboten, um sie haltbar und transportfähig zu machen.

(nach Julie Morris: Superfood-Küche)

Wahre Nährstoffschätze

Die »Erfindung« der Superfoods – so die Geschichte – geht auf Surfer in den USA zurück, die auf der Suche nach hochkonzentrierter Nahrung waren, die platzsparend transportiert und schnell und unkompliziert verzehrt werden kann. Wo kann man solche Lebensmittel finden? Die Idee, bei indigenen Völkern, antiken und zeitgenössischen, zu suchen, die teilweise noch nomadisch leb(t)en, war naheliegend. So kam man zu den Acaibeeren, zu Macawurzeln, Chiasamen, Quinoa und weiteren Lebensmitteln, die schon den Maya bekannt waren. Für Surfer, die in der ganzen Welt unterwegs sind und sich bei Einheimischen umschauen, ganz natürlich.

Wir sind keine Surfer und nicht so viel unterwegs. Wir wollen Superfoods, die hier gedeihen. Die Beschaffung wird einfacher und die Auswahl größer (ganz abgesehen davon, dass es preisgünstiger wird). Und, ja, es gibt hier herrliche Superfoods: Auch in unseren Breiten wachsen pflanzliche Lebensmittel mit besonders erwähnenswerter Nährstoffdichte, beispielsweise

Frühlingskräuter, schwarze Johannisbeeren, Walnüsse, Grünkohl, Quitte und viele mehr.

Zugegeben – das klingt erst einmal nicht so exotisch. Für diejenigen, die gerne Neues und Außergewöhnliches probieren möchten, haben wir nach ausgefalleneren pflanzlichen Nahrungsmitteln geforscht. Seit einigen Jahren sind Gemüsebauern, besonders die Biobauern, darauf aufmerksam geworden, dass ihre Kunden gerne experimentieren. Sie haben sich in der Vergangenheit umgeguckt und alte Gemüse- und Obstsorten »ausgegraben«, altes Wissen um Wildpflanzen hervorgeholt, aber auch Neuzüchtungen getestet. Ein spannender Trend, wie wir meinen. Auf dem Bauernmarkt wird die »Marktlage« erkundet. Hier können Sie also am besten fündig werden, wenn Sie neugierig sind.

Bei unseren Rezepten schließen wir weitgereiste Superfoods, die hier längst üblich, sozusagen eingebürgert und leicht zu erwerben sind, selbstverständlich mit ein. Es wäre unklug, die globalen Angebote von Früchten, Gemüse oder gar Gewürzen, die wärmere Anbaugebiete brauchen, ungenutzt zu lassen. Auch auf die Vorteile einer vitaminreichen Versorgung in der kälteren Jahreszeit wollen wir natürlich nicht verzichten.

Einfach super: weiter gedacht – näher dran

Wir sind weltoffen und kochen Rezepte aus aller Welt – aber mit heimischen Zutaten. Bei der Vorbereitung zu diesem Buch sind wir einer unglaublichen Fülle an wunderbaren pflanzlichen Nahrungsmitteln begegnet. Und bei der weiteren Beschäftigung mit der Ernährung haben wir gelernt, wie komplex die Nährstoffe miteinander reagieren, wie abhängig sie von Umgebung, La-

gerung, Zubereitung sind. Bioverfügbarkeit ist ein Wort, das uns immer wieder begegnet ist und uns in der Meinung bestärkt hat, dass wir möglichst vielfältig essen wollen. Und das macht auch am meisten Spaß!

Einige Punkte bei der Lebensmittelbeschaffung sind uns sehr wichtig. So können wir gleich von Anfang an dafür sorgen, dass wir die höchstmögliche Nährstoffzufuhr erhalten – eben Superfood:

» Mit möglichst frischem Gemüse und Obst, gerne direkt vom Feld auf den Tisch, erhalten wir die meisten verfügbaren Nährstoffe – also kaufen wir möglichst **regional**. Und am besten erstehen wir unsere Lebensmittel **saisonal**, genau zu der Zeit, in der sie bei uns wachsen und reifen. Die Zeit der Verfügbarkeit ist gar nicht so kurz, vieles ist sogar über Monate zu ernten.

» Eine wirklich hohe Nährstoffdichte kann nur bei Früchten, Gemüse und Co. vorausgesetzt werden, die nicht durch Lagerung oder auf dem Transport nachgereift sind, sondern **vollreif** geerntet wurden. Da gibt es nur wenige Ausnahmen (z. B. Avocados).

» Um möglichst giftfreie Nahrung zu erhalten, greifen wir immer häufiger zu »**Bio**«. Wir schonen damit den Boden, Luft und Grundwasser und sorgen dafür, dass es langfristig zu Verbesserungen kommt, beispielsweise die Tomate nach Tomate schmeckt und nicht nur nach Wasser. Wir unterstützen so auch den Anbau von Getreide, das nicht auf dem Weltmarkt gehandelt wird, zeigen den Bauern, dass wir bereit sind, für ihre Mehrarbeit mehr zu bezahlen. Wie viel »Bio«, das entscheidet jeder selbst. Es gibt eine Reihe von Biozertifikaten, die mehr oder weniger streng sind (angefangen bei der **EU-Bionorm** über **Bioland** bis zu **Demeter**). Hier wäre mehr wirklich mehr.

Achtung! Für manchen »kleinen« Landwirt oder Obstbauern ist die Zertifizierung zu teuer. Möglicherweise arbeitet er aber **ökologisch**. Fragen Sie beim Erzeuger nach – selbst wenn er kein Biosiegel vorweisen kann.

» Ohne Import aus dem Ausland geht es nicht. Aber wir wollen die Menschen, die in anderen Klimazonen arbeiten und uns mit exotischen Früchten und Gemüsesorten oder Getreide und Gewürzen versorgen, fair behandeln und fair mit ihnen handeln. Einkaufen und auf **Fairtrade** achten, sollte uns daher in Fleisch und Blut übergehen. Auch hier gibt es verschiedene Siegel.

» Und zu guter Letzt spielt der Inhalt unseres Geldbeutels leider eine nicht unbescheidene Rolle. Sie haben in dieses Buch investiert. Eine gute Investition zahlt sich aus. In diesem Fall, weil Sie Anregung erhalten, wie Sie sich und Ihre Gesundheit um günstige, wertvolle Superfoods bereichern.

Mit Superfoods zu Superfood

Bisher sprachen wir von den vielen wunderbaren pflanzlichen Superfoods, von Wurzeln, Früchten, Beeren, Kräutern in der Mehrzahl. Wir wollen den Bogen aber weiter spannen, noch größer denken: zu Super Food. Food heißt Futter, bei uns Menschen nennen wir es Ernährung. Die Rezepte in diesem Buch kombinieren Superfoods jeweils zu einem Gesamtwerk von Superfood.

Beste Ernährung im Überblick

Eigentlich ist es ganz einfach mit dem, was wir brauchen: von allem etwas. Und zwar von viel bis weniger, nach Art einer Pyramide mit breiter Basis und kleiner Spitze: Wasser, Gemüse plus Hülsenfrüchte, Obst, Getreide und Co., Nüsse, Samen und pflanzliche Öle. Dann Kräuter und Gewürze mit ihrer besonders hohen Dichte an sekundären Pflanzenstoffen, Aromen, Scharf- und Bitterstoffen. Wer vegetarisch isst, wird auch Eier und Milchprodukte verzehren, wer ein Teilzeitvegetarier ist, wird einmal pro Woche Fisch oder manchmal Fleisch essen.

Zusammenfassend lässt sich sagen: Lebensmittel, die frisch sind und wenig verarbeitet, gehören zur Basis.

Viele dieser oben aufgezählten lebensnotwendigen Basislebensmittel haben den Beinamen Superfood verdient. Ihre Nährstoffwerte an Vitaminen, Mineralien und sekundären Pflanzenstoffen sind besonders hoch. Wir werden Ihnen im Kapitel »Mit Superfoods durchs Jahr« ab Seite 26 die wichtigsten Pflanzengruppen vorstellen. Später in den Rezepten werden Sie weitere Informationen und manch spannenden Tipp rund um das verwendete Lebensmittel lesen können.

Wer sich an saisonalen Angeboten orientiert, findet ganz selbstverständlich zu einem natürlichen Umgang mit den gerade verfügbaren pflanzlichen Lebensmitteln. Tatsächlich bieten Frühling, Sommer, Herbst und Winter uns erstaunlichen Reichtum. Getreide und getrocknete Hülsenfrüchte, Nüsse, Öle und Gewürze, die das ganze Jahr über zur Verfügung stehen, kombiniert man mit den saisonalen Pflanzen und ergänzt damit die Mahlzeiten zu wahrem Superfood.

Die Umstellung auf eine ausgewogene Ernährungsweise lohnt sich jederzeit. Und vertrauen Sie bitte Ihrem Geschmack. Wir sprechen hier nicht von der Vorliebe für Zucker oder Fettes. Bei unseren vielen Testessen für die Rezepte haben wir festgestellt, dass jeder Mensch ein sehr individuelles System darstellt, mit Vorlieben für Bitteres oder eben nicht, mit Lust auf Schärfe oder eben nicht. Mit Bedarf nach Süßem oder nicht. Ein Grund für uns, in den Rezepten auch Anweisungen wie »nach Belieben«, »nach Geschmack« zu verwenden. Wir sollten uns selbst Maß in solchen Geschmacksfragen sein und daran glauben, dass Neigungen möglicherweise einen bestimmten Grund haben. In der Natur kommen übrigens genügend Pflanzen vor, die diese individuellen Bedürfnisse befriedigen können.

Vitamine – ein komplexes Thema

Erst um die Jahrhundertwende vom 19. ins 20. Jahrhundert wurden die Vitamine »entdeckt« und ihnen der Kunstname »Vita-Amine« gegeben, aus heutiger Sicht auf die chemischen Zusammensetzungen nicht korrekt. Vitamine sind keine Energielieferanten, aber essenzielle Nährstoffe, ohne die der Organismus nicht existieren kann. Vitamine kann der Körper nur unter bestimmten Bedingungen selbst herstellen (Vitamin D mit Sonnenlicht), für einige braucht er Provitamine, die Vorstufen (z. B. Beta-Carotin für Vitamin A). Vitamine müssen also fast alle über Nahrung aufgenommen werden. Das können wir auf verschiedene Art: Pflanzen sind in der Lage, viele für uns essenzielle Vitamine oder zumindest Provitamine herzustellen. Tiere verarbeiten für uns Pflanzennährstoffe zu Vitaminen oder sie fressen selbst Tiere. Bei Ernährung mit Fleisch oder tierischen Produkten essen wir also schon »aufbereitete« Vitamine. Und dann gibt es noch Bakterien, die Vitamine bilden können, innerhalb oder außerhalb unseres Körpers. Es gibt wasser- und fettlösliche Vitamine; das Adjektiv weist auf das nötige Transportmittel zu den Körperzellen hin.

Vitamine sind essenziell zur Herstellung von lebenswichtigen Enzymen. Sie sind zum Teil auch sekundäre Pflanzenstoffe – hier überschneiden sich die Zugehörigkeiten. Die wissenschaftlichen Erkenntnisse zu den unglaublich komplexen Zusammenhängen ihrer Wirkung und ebenso zu den weitreichenden Folgen bei Mangel ändern sich momentan rasant. Es eröffnen sich durch die Erforschung immer winzigerer Details ständig neue Einsichten.

Hier tiefer einzusteigen sprengt den Rahmen dieses Buches. Wir wollen bei der praktischen Anwendung bleiben und halten an der erwiesenen Erkenntnis fest, dass ein Lebensmittel mit möglichst komplexem Vitamingehalt und weiteren Nährstoffen gesund ist und für uns als Superfood gilt. Damit die Vitamine in unserem Körper dort ankommen, wo sie nützlich sind, sollte man ihnen ihre liebsten Begleiter zugesellen (z. B. dem Vitamin C Eisen[1], dem Provitamin A essenzielle Fettsäuren) und Nahrung möglichst wenig erhitzen. Ausnahmen bestätigen die Regel: Es gibt einige Pflanzen, die nur gekocht gegessen werden dürfen. Sie enthalten dann andere wertvolle Nährstoffe, die uns zugutekommen.

Sekundäre Pflanzenstoffe

Die Geschichte der sekundären Pflanzenstoffe ähnelt der der Vitamine. Heute gibt es keine klare Trennlinie zwischen beiden. Doch zunächst war das anders. Sie erhielten den Beinamen »sekundär«, weil Forscher bei ihrer Entdeckung keinen primären Nutzen erkennen konnten. So fand man beispielsweise Bitterstoffe, die vor Fraßfeinden bewahren, Farbstoffe, deren Anziehung von Insekten für den Fortbestand der Pflanze wichtig sind. Für den Menschen schienen sie eher giftig oder nutzlos zu sein, also zu meiden. Allerdings wussten die weisen Heilenden (Hebammen, Ordensleute, Ärzte) aus langer Überlieferung sowohl um die wohltuende als auch die giftige Wirkung der Pflanzen. Wie immer im Leben ist eine Sache weder nur negativ noch allein positiv. Es ist das Maß, das zählt.

Die meisten wissenschaftlich anerkannten Forschungsergebnisse auf diesen Gebieten berufen sich auf Labor-, Tierversuche oder Versuche mit Erwachsenen. Kinder, Schwangere, Stillende und Menschen mit einer schwächeren Konstitution sollten sich bei ihrer Ernährung an einer guten Mischkost orientieren.

Makronährstoffe – Basis und »Omnibus«

Vitamine und sekundäre Pflanzenstoffe werten unsere Ernährung auf zum Superfood. Die Grundbausteine liefern die drei Makronährstoffe Kohlenhydrate, Fette und Eiweiße.[2] Gleichzeitig sind sie Transportmittel für die kleinen feinen Superhelden.

Kohlenhydrate liefern die Energie, die der Körper ständig für den Unterhalt von Hirn, Organen

und Muskeln braucht. Sie werden vom Darm über das Blut an die Verbrauchsstellen geschickt. Die Qualitätsunterschiede sind groß: Kurzkettige Kohlenhydrate sind dem körpereigenen Stoff Glukose sehr nahe, sie »schießen« ins Blut und lösen schnell ein Ausgleichsprogramm von Insulinausschüttung hervor. Langkettige Kohlenhydrate in Form von Stärke baut der Körper selbst in Glukose um. Durch diesen wesentlich langsameren Prozess bleiben hohe Ausschläge bei den Blutzuckerwerten aus. Diese dem Körper adäquate Form der Kohlenhydrate, die 50 % der Ernährung ausmachen sollte, nimmt man über Gemüse, Obst und Getreide zu sich. Für den starken, rasanten Blutzuckeranstieg sorgen alle Zuckerformen, am schnellsten ist Traubenzucker im Blut.

Fette sind Energielieferant und Transportmittel für fettlösliche Vitamine. Sie bilden Polster, die Organe und Haut schützen, übernehmen zum Teil die Hormonproduktion und bieten einen Wärmeschutz. Etwa 30 % unserer Nahrung kann aus Fetten bestehen. Die guten sind enthalten in hochwertigen Ölen, Nüssen, fettem Fisch und manchen Obst- und Gemüsesorten. Die eher schlechten in Chips, Wurstwaren, Fleisch, Fertigprodukten …

Eiweiße oder Proteine bestehen aus Aminosäuren, etwa ein Drittel davon ist essenziell, sie müssen dem Körper also über Nahrung zugeführt werden. Proteine sind Hauptbestandteil einer jeden Zelle. Viele Körperfunktionen werden über Enzyme gesteuert, die ebenfalls Aminosäuren zu ihrer Herstellung benötigen. Bei einer Aufnahme von 20 % kann der Körper sämtliche Funktionen ausführen. Wir finden (vegetarisches) Eiweiß in Hülsenfrüchten, Getreide, Nüssen, Milchprodukten und Eiern.

Stolperstellen und Auswege

Vom Umgang mit Zucker

Wir lieben Süßes. Fast alle. Diese Lust zu unterdrücken macht übellaunig, nimmt die Lebensfreude. Wir empfehlen Ihnen, sich auf ein gesundes minimales Quantum einzuschwingen. Die Weltgesundheitsorganisation WHO empfiehlt beispielsweise als tägliche Zuckeraufnahme (insgesamt, also auch versteckte Zucker!) weniger als den Gegenwert von 6 bis 12 Teelöffeln Zucker.

Wollen Sie den Ist-Wert wissen? USA etwa 19,5 Teelöffel, Europa etwa 17 Teelöffel[3] – das sollte doch leicht zu unterbieten sein, oder?

Unsere Rezepte aus dem Dessertbereich enthalten, wenn wir die kristalline Form zum Saftziehen brauchen, meist Rohrzucker. Damit ist der braune Vollrohrzucker mit seinem malzigen Karamellgeschmack gemeint, in dem sich noch ursprüngliche Nährstoffe des Zuckerrohrs befinden. Leider wächst Zuckerrohr in tropischem Klima. Eine ähnliche Version aus der Zuckerrübe haben wir nicht ausfindig machen können; Rübensaft lässt sich nicht so einfach kristallisieren. Bis der allseits bekannte weiße Haushaltszucker hergestellt ist, sind noch viele Arbeitsschritte nötig und Nährstoffe nicht mehr enthalten. In seltenen Fällen nutzen wir ihn trotzdem, beispielsweise um andere Aromen hervorzuheben, die Süße brauchen. Als Alternative bleiben zuckrige Dicksäfte wie Rübensirup (übrigens eine schöne vegane Wahl statt Honig), Gerstensirup, Apfel- und Birnendicksaft. Trocken- und Früchte bringen mit ihren Aromen nicht nur Zucker in die Speise, sondern unterstützen den Geschmack auf eigene Weise.

Und da gibt es noch andere Weitgereiste: den leichten Agavendicksaft (der in seiner neutralen Süße dem Haushaltszucker am ähnlichsten ist), den malzigen Ahornsirup oder den leider sündhaft teuren Kokosblütenzucker. Zuckeraustauschstoffe haben übrigens genau wie Zucker den Effekt, das Bedürfnis nach Süßem zu steigern. Das Angebot an Gesünderem ist groß, und Experimente mit verschiedenen Zuckerarten lohnen sich. Und setzen Sie insgesamt mehr auf Geschmack als auf Süße.

Ein paar Worte zu Fetten

Fett möchte niemand sein, aber auf Fett in der Ernährung können wir nicht verzichten. Fett ist einer der wesentlichen Nährstoffe: ein Energielieferant, den der Körper zum Teil selbst herstellt, und zwar in Form von Cholesterin. Ausgenommen sind die essenziellen mehrfach ungesättigten Fettsäuren, die müssen wir mit der Nahrung zuführen.

Der Körper synthetisiert Fette in der Leber und der Dünndarmwand zu Cholesterin oder nimmt schon Cholesterin aus tierischen Lebensmitteln auf. Es ist Baustein der Zellwände und Ausgangsstoff zur Bildung unter anderem von Hormonen und Verdauungssäften. Dabei unterscheidet man das hilfreichere HDL-Cholesterin und das schädlichere LDL-Cholesterin. Wir sollten gezielt darauf achten, dass wir das »schlechte« LDL-Cholesterin nicht zu häufig essen. Es befindet sich hauptsächlich in den gesättigten Fettsäuren: in tierischen Fetten und verarbeiteten Nahrungsmitteln.

Grob lässt sich Fett, das wir aufnehmen, in gesättigte Fette, ungesättigte und Transfette unterteilen.

Gesättigte Fettsäuren kommen in Fleisch und Milchprodukten vor oder auch in Kokosfett und verarbeiteten Lebensmitteln. Es ist das Fett, das sich, zu viel genossen (mehr als ein Drittel der verzehrten Fette), als Hüftgold niederschlägt und den LDL-Cholesteringehalt ansteigen lässt, was zu Arteriosklerose und ihren Folgen führen kann. Gesättigte Fettsäuren sind dennoch notwendig für bestimmte Stoffwechselvorgänge bei der Hormonbereitstellung, den Genen und im Immunsystem. Unser Körper ist in der Lage, diese Fette selbst zu bilden.

Einfach ungesättigte Fettsäuren liefern uns Pflanzen. Sie kommen nicht nur in Form von flüssigen Ölen vor, doch da sind sie natürlich reichlich vorhanden, beispielsweise in Oliven-, Raps- und weiteren Pflanzenölen, aber genauso in Nüssen, Samen und Avocados. Diese Fettsäuren senken den Cholesterinwert und verbessern das Verhältnis von LDL- zu HDL-Cholesterin. Auch diese Fette kann der Körper selbst herstellen, es sind keine essenziellen Fettsäuren.

Mehrfach ungesättigte Fettsäuren sind essenziell, also lebensnotwendig zuzuführen. Wir brauchen sie beispielsweise zur Herstellung oder Verwertung aller fettlöslichen Vitamine (A, D, E, K). Hierzu gehören Omega-3- und Omega-6-Fettsäuren. Eine Omega-3-Fettsäure ist beispielsweise die α-Linolensäure, die wir in Raps-, Walnuss- und Leinöl finden, aber auch in fettem Fisch. Omega-6-Fettsäure (Linolsäure) ist in Soja-, Maiskeim-, Weizenkeim- und Distelöl enthalten. Sie gilt außerdem als guter Cholesterinsenker.

Transfette finden sich in Frittiertem, Fast Food, Fertigmahlzeiten, Backwaren oder Margarine. Dabei handelt es sich um gehärtete Fette, die keinerlei Nutzen mehr haben. Sie sind bei Produkten als »gehärtetes Fett« deklariert. Ein Tipp: Anstatt Margarine auf jeden Fall Biomargarine wählen oder noch besser zu Biobutter greifen.

Beim Thema »gesunde Fette« finden sich viele widersprüchliche und unklare Angaben. Ein maßvoller Verzehr mit viel Abwechslung aus der reichhaltigen Vielfalt der Natur ist ein sinn- und geschmackvoller Ausweg. Fette sind jedenfalls großartige Aromaträger und machen – passend eingesetzt – den Genuss der Speisen rundum befriedigend.

Weizen und Gluten

Um lange Diskussionen kurz zu machen: Eine Ernährung vornehmlich mit raffiniertem Mehl aus modernem Weizen, künstlich mit Gluten angereicherten, stark verarbeiteten Lebensmitteln und viel raffiniertem Zucker betrachten auch wir als ungesund. Deshalb im Gegenzug gar nicht mehr zu Getreide zu greifen, scheint uns allerdings keine gesunde Alternative, zumindest für Menschen, die nicht von Glutensensitivität oder Zöliakie betroffen sind.

In Getreiden gibt es jede Menge Nährstoffe, gerade auch Eiweiß, was der menschliche Körper dringend benötigt. Tatsächlich wurden früher aber sehr viel geringere Mengen in sehr viel geringerer Aussiebung verzehrt. Das umstrittene Gluten, das sogenannte Klebereiweiß, befindet sich im Mehlkörper der Getreide. Beim Weißmehl 405 wird ausschließlich der Mehlkörper verwendet, die Randschichten und der Keimling werden entfernt. Genau hier aber stecken weitere Eiweißformen. Wer also Vollkornmehl verwendet, senkt den prozentualen Glutenanteil und entlastet seinen Organismus, abgesehen davon, dass weitere Nähr- und Ballaststoffe dieses Mehl zu einem »Lebens«-Mittel machen.

Ein anderer Verdacht, warum so viele Menschen insbesondere Weizen nicht mehr vertragen, fällt auf die pflanzeneigenen Abwehrstoffe, die den modernen Getreidesorten zunehmend gezielt angezüchtet werden. Für uns ein weiterer Grund, den Blick in Richtung Bioanbau zu wenden, wo Unkrautbekämpfung mit physikalischen statt chemischen Methoden betrieben wird und Getreidesorten zum Einsatz kommen, die unabhängig von Dünger gut auf mageren Böden gedeihen.

Wer sich mit Vollkornmehl, vielen selbst zubereiteten Speisen und einem Großteil Rohkost ernährt, wird weniger mit Fettleibigkeit (»Weizenwampe«) und deren Folgen zu tun haben. Wer Biolebensmittel bevorzugt und sich dabei auch noch möglichst viel bewegt, lebt erst recht gesund und ausgewogen.

Bei unseren Rezepten mit Getreide kommen Dinkel und alte Sorten wie Emmer und Einkorn zum Einsatz, die sich dem Massenanbau entziehen, weil sie mit konventionell üblichen Düngern nicht mehr Körner produzieren. Wir verwenden auch Pseudogetreide, am liebsten heimische Varianten wie Buchweizen und Hirse in Bioqualität.

Getreide zusammen mit Hülsenfrüchten bieten eine wunderbar komplexe Nährwertzusammenstellung. Mischen Sie glutenhaltige Getreidemehle mit glutenfreiem Mehl und verwenden Sie das ganze Korn oder die 1050- (ca. 83 % Korn) und nicht die 405-Variante. Lediglich beim Andicken von Suppen und Saucen verarbeiten wir geringe Mengen der fein gesiebten Mehle, um eine glatte Konsistenz zu erzielen. Auch Hafer und Gerste punkten mit wenig Gluten.

Denaturierte und raffinierte Lebensmittel

Die Verarbeitung von Lebensmitteln, ob nun tierischer oder pflanzlicher, unterhält heutzutage einen riesigen Industriezweig, dem man sich nicht einfach entziehen kann. Hier gilt es, Methoden und Angebote kritisch zu hinterfragen und dann zu entscheiden, was man mitmachen möchte und was nicht.

Mit zunehmender Technisierung sind verarbeitete Lebensmittel oft weitaus billiger als frische. Neue Formen der Landwirtschaft machen Massenkultivierung auf riesigen Feldern möglich, und nach der Ernte führen hochintensive Arbeitsprozesse zu immer kürzeren Herstellungszeiten und längerer Haltbarkeit. Das funktioniert durch Entfernen der verderblichen Teile (raffinieren, ultrahoch erhitzen), die oft genug die vitalen, wertvollen sind. Es wird nicht mehr fermentiert, sondern Essig zugefügt. Zum Konservieren wird, anstatt zu marinieren und zu räuchern, mit chemischen Zusätzen beschleunigt, gerne zudem die Farbe beeinflusst. Handarbeit ist maschineller Arbeit gewichen. Was zunächst wie ein Gewinn aussieht und das Leben erleichtert, lässt inzwischen deutliche Zweifel aufkommen. Quantität vor Qualität und äußere Norm vor innerer? Bei dieser eiligen Art von Herstellung gehen Nährwerte verloren und werden ungesunde Zutaten zugefügt. Das birgt die Gefahr eines Nährstoffmangels trotz Sattwerden und Übergewicht. Es liegt auch an uns Kunden, diese Entwicklung zu stoppen und hier gegenzulenken.

Stark verarbeitete und/oder tierische Lebensmittel, viele davon enorm beliebt (Kaffee, Käse, Fleisch, Alkohol, Fast Food, Chips und Süßigkeiten), scheinen nicht nur den pH-Wert unseres Körpers negativ zu beeinflussen und somit bestimmte Stoffwechselvorgänge zu erschweren. Derzeit wird auch heftig über Transfette in Lebensmitteln und deren Wirkung diskutiert. Außerdem tauchen deutlich mehr Unverträglichkeiten bei immer mehr Menschen auf. Wer beim Einkauf einmal auf die E-Nummern von Lebensmittelzusätzen und die Deklarierung der Ingredienzen schaut, wundert sich darüber gar nicht so sehr: Erstaunlich, welche Vielfalt die industriell verarbeitete Nahrung zum Stabilisieren, Emulgieren, für Standfestigkeit, Farbe, gutes Aussehen, Fließfähigkeit und vieles mehr braucht. Verblüffenderweise enthält »Käse« manchmal gar keinen Käse mehr und Erdbeerjoghurt keine Erdbeeren. Besonders Allergiker müssen heutzutage detektivische Eigenschaften entwickeln. Doch eigentlich gilt für jeden: Augen auf beim Einkauf.

Wer Pflanzen frisch kauft und selbst kocht, wer dann noch möglichst wenig verarbeitete Lebensmittel verwendet, also den puren Joghurt ohne Zusätze, die einzelnen Zutaten für einen Pizzateig, die Dose Tomaten pur, der weiß, welchen Schatz aus der Natur er wirklich auf dem Teller hat.

Nährwerte erhalten und steigern

In der Lebensmittelindustrie wird heutzutage die Nahrung chemisch und durch nahrungsfremde Zusätze haltbar gemacht. Wir konzentrieren uns auf alte Techniken, die die Nährwerte in den Lebensmitteln schützen und vielleicht sogar vermehren.

Gut gelagert Werte bewahren

Grundsätzlich gilt, dass man beim Lagern einen Nährstoffverlust hinnehmen muss. Je weniger Licht und Sauerstoff an die Lebensmittel kommen, desto mehr Nährstoffe bleiben aber erhalten.

Getreide und trockene Hülsenfrüchte kann man im Weckglas kühl, dunkel und trocken aufbewahren.

Salate und Gemüse gehören, in ein feuchtes Tuch eingeschlagen, ins Gemüsefach im Kühlschrank. Gleiches gilt für Petersilie und anderes frisches Grün: Gewaschen, etwas trockengeschüttelt und feucht eingepackt legt man sie ins untere kühle Dunkel.

Öle, die schnell verderben (Lein-, Hanföl), kaufen Sie idealerweise in kleinen Flaschen, die in den Kühlschrank gehören.

Wer stolzer Besitzer einer dunklen kühlen Speisekammer ist, bewahrt hier seine fermentierten Gemüse auf, die Eier (die nicht im Kühlschrank lagern müssen!) und die Vorräte an Kartoffeln, Kohlköpfen, Kürbissen, Roten Beten …

Alle angeschnittenen Gemüse und Früchte (Zwiebel, Avocado, Apfel) bewahrt man in Schraubdeckelgläsern auf. Darin sind sie aromasicher im Kühlschrank untergebracht. Das funktioniert auch mit gehackten Kräutern.

Geschmack vermehrt, Strom gespart

Bei der Diskussion um möglichst viele Nährwerte in unseren pflanzlichen Lebensmitteln wird manchmal vergessen, dass wir auch bei der Zubereitung darauf Einfluss haben, wie viele der ursprünglich vorhandenen Nährstoffe auf unserem Teller und letztlich in unserem Körper landen. Besondere Hinweise dazu finden Sie in den Rezepten im Abschnitt »Supergut zu wissen«. Ein paar allgemeine Regeln wollen wir schon hier verraten.

Wer ein Getreidegericht zaubern will, egal, ob nun aus Reis, Dinkel, Emmer oder Buchweizen, oder wer Hülsenfrüchte kochen möchte, der wird einen echten Gewinn an Kochzeit und Nährstoffen erzielen durch ausreichendes Einweichen. Die Einweichzeiten sind verschieden, Genaueres finden Sie in den Rezepten. Die Kochzeit beispielsweise von Vollkornreis verkürzt sich so von 50 auf sensationelle 15 Minuten. Das wertvolle Einweichwasser von Getreide sollte zum Kochen weiterverwendet werden. Das Einweichwasser der Hülsenfrüchte schütten Sie besser weg, weil es manchmal unangenehm riecht.

Tipp für Stromsparer: Kurzes Aufkochen der eingeweichten Getreide reicht zum Garen, wenn sie danach auf der ausgeschalteten Herdplatte quellen dürfen. Sollten Sie einen Induktionsherd besitzen, der die Hitze nicht lange speichert, hätten Sie noch die Möglichkeit, Ihren Topf mit Getreide in einer Kochkiste oder wie früher schlicht in Ihrem Bett gar quellen zu lassen.

Manche Gemüsesorten wie Brokkoli oder Grünkohlblätter bieten sich zum Dämpfen an, da ihre Nährstoffe und ihre Bissfestigkeit dann besser erhalten bleiben als beim Kochen. Durch anschließendes eiskaltes Abschrecken können Sie wunderbar die frische grüne Farbe erhalten.

Haltbarmachen mit Gewinn

Um kleine Vorräte anzulegen oder um reichlich geerntetes Gemüse für den Winter zu lagern, auch um nicht mehr vorm Winter gereiftes Gemüse verzehrbar zu machen, gibt es seit Jahrtausenden und überall auf der Welt die Technik des Fermentierens. Wie das bei uns bekannte Sauerkraut wird das Gemüse mit Salz, manchmal mit Gewürzen lediglich im eigenen Saft oder in Wasser eingelegt. So gelangt kein Sauerstoff mehr an die Fasern, und die Milchsäurebakterien, die bei allen Pflanzen – übrigens auch im gesunden menschlichen Darm – vorkommen, können ihre Arbeit beginnen: die Fermentation oder Milchsäuregärung. Dabei werden zersetzende Fäulnisbakterien abgetötet und lebendige Milchsäurebakterien gebildet, die die Haltbarkeit der Nahrung gewährleisten.

Grob gesagt lassen sich alle festen Gemüse auf diese Weise milchsauer einlegen: Weißkohl (siehe Sauerkrautherstellung Seite 134), Rotkohl, Chinakohl, Rettich, Zwiebeln oder feine Scheiben von Roten und Gelben Beten. Auch unreife Tomaten in Vierteln, Paprika in breiten Streifen und festes Kürbisfleisch in Spalten eignen sich hervorragend. Besonders die Einlegegurken sollten noch sehr fest sein, sonst neigen sie dazu, matschig zu werden.

beren glatten Stein. Bis die Fermentation in Gang kommt, wird das Gefäß zimmerwarm aufgestellt. Das dauert drei bis vier Tage. Danach stellen Sie das Gefäß kühler, damit der Prozess gleichmäßiger abläuft. Kontrollieren Sie den Vorgang regelmäßig. Das Gemüse ist ausreichend fermentiert, wenn die Salzlake sauer schmeckt.

Schwimmt einmal ein Stückchen Gemüse an die Wasseroberfläche und setzt durch den Luftkontakt Schimmel an, ist das unbedenklich. Nehmen Sie es mit einem Löffel ab. Die Milchsäurebakterien im Wasser verhindern dort alle Schimmelprozesse und fördern lediglich eine gesunde Aufbereitung der eingelegten Gemüse. Sie wandeln Kohlenhydrate um, reichern die Gemüse mit den Vitaminen B1, B2, B3 und Vitamin C an sowie mit weiteren Milchsäurebakterien, die unser Darm dringend für gute Verdauung benötigt. Damit sorgen Sie für Ihre Darmgesundheit, unterstützen das Immunsystem und das allgemeine Wohlbefinden.

Dies war nur ein kleiner Einblick in die Welt des Fermentierens. Es gibt weltweit fantastische Rezepturen wie das koreanische Kimchi, die japanische Misosauce, den bulgarischen Joghurt. Es gibt fermentierte Getreide, Bohnen und berühmte eingelegte Obstsorten wie die japanische Essigpflaume, genannt Umeboshi, deren Saft sich hervorragend zum Würzen eignet. Ein DIY-Versuch lohnt sich: Es ist einfach, spannend und bringt drei Wochen Vorfreude darauf, sich etwas wirklich Supergutes zu tun.

Um das Knackige der Gemüse zu erhalten, fügt man einige gerbsäurehaltige Blätter zu, beispielsweise Laub von Wein, Sauerkirsche oder Johannisbeere. Unraffiniertes Meersalz mit seinem Plus an Mineralien sorgt ebenfalls für Bissfestigkeit der Zellstrukturen. Auch für den Geschmack ist das von Vorteil. Experimentieren Sie mit der Zugabe von Dill, Chili, Pfeffer sowie Knoblauch, Ingwer und Meerrettich in feinen Scheiben.

Das Gemüse wird in dünnen Lagen in Gläser oder Keramikgefäße gestapelt und mit einer fünfprozentigen Salzlösung begossen, bis alles bedeckt ist. Da das Gemüse nach oben treibt, drückt man es mit einem kleineren Teller unter die Wasseroberfläche und beschwert diesen mit einem sau-

Gesunde Sprossen sprießen lassen

Warum denn Keimlinge? Kurz vor dem Start ins Leben geben die Samen alles: Eiweiß, viel Vitamin C und diverse B-Vitamine, besonders Folsäure, Spurenelemente, sekundäre Pflanzenstoffe und Ballaststoffe. Eine Nährwertexplosion findet statt. Brokkolikeimlinge beispielsweise sind einer Heidelberger Forschungsgruppe ganz besonders aufgefallen – ihr Senföl scheint gegen bestimmte Krebszellen vorgehen zu können. Man wird weiterforschen.

Leider sind Sprossen seit der EHEC-Attacke 2011 in Verruf geraten. Wer auf Hygiene achtet, schließt diese Gefahr aus: Wichtig ist, Hände und Saatgut gründlich zu waschen. Das Keimglas war in der Spülmaschine oder ist ausgekocht. Während des Keimvorgangs werden die Samen mehrmals am Tag gespült.

Wer noch kein Keimgerät hat, kann sich erst einmal mit einem Weckglas und einer Gazeabdeckung behelfen. Die Keimlinge sollen in feuchtem Klima keimen dürfen, aber nicht im Wasser liegen. Auch Schimmel soll sich nicht bilden können. Also Wasser auffüllen, das Saatgut darin hin- und herwiegen, Wasser durch die Gaze abgießen und das Glas halb gekippt stehen lassen, sodass alle Flüssigkeit abfließen kann. Diesen Vorgang wiederholen Sie drei- bis viermal am Tag. Nach etwa drei Tagen werden die ersten Keimling zu sehen sein. Empfindliche Menschen (Kinder, Schwangere, Hochbetagte) sollten die Keimlinge vor dem Verzehr ausreichend erhitzen, nicht nur blanchieren.

Verschiedenfarbige Sprossen machen sich besonders hübsch als vitaminreiche Dekoration. Lassen Sie sich zum Experimentieren anstiften mit Samen von Radieschen, Rotkohl, Weißkohl, Alfalfa, Roter Bete, gelbem Senf, Rauke/Rucola, Kresse …

Kräuteröl und Weinessig – lecker!

Wer Freude daran hat, für eigene Vorräte zu sorgen, kann mit Öl und Essig wunderbare Kreationen zaubern. Bei selbst angesetztem aromatisiertem Öl ist die Grundlage ein gutes, länger haltbares Öl wie Olivenöl, Sonnenblumen- oder Rapskernöl. Dann entscheiden Sie, ob es eher ein scharfes Öl mit Chilischote, Pfefferkörnern, Meerrettich, Ingwer werden soll oder eine mildere mediterrane Kräutervariante. Zartblättrige Kräuter wie Zitronenmelisse, Sauerampfer, Bärlauch oder Basilikum legt man besser nur kurz in Öl, wenn man sie mitservieren möchte.

Um Essig ganz einfach selbst zu machen, nimmt man einen preiswerten Weiß- oder Rotwein und mischt ihn 4:1 mit Essigessenz. Jetzt können Sie durchs Jahr die verschiedensten Kräuter einlegen. Am besten eignen sich mediterrane Kräuter mit hartem Stiel wie Rosmarin, Thymian, Salbei oder Oregano. Auch mit Knoblauch oder getrocknetem Obst, Pfefferkörnern und Chilischoten lässt sich Essig verfeinern. Lassen Sie ihn nach dem Herstellen einige Zeit ziehen, damit sich die Aromen im Essig ausbreiten.

Küchenwerkzeug

Gleich vorweg: Beide Autorinnen sind eher Maschinenmuffel. Aber es gibt einige Hilfsmittel, die uns ermuntern, mehr selbst herzustellen. Dazu gehört ganz sicher ein **starker Mixer**. Ob es sich jetzt um ein Standgerät handelt oder einen leistungsstarken Pürierstab, bleibt Ihnen überlassen. Um Nüsse und andere harte Produkte zu zerkleinern, sollte es ein Hochleistungsmixer sein – oder in Ihrem Haushalt gibt es noch die gute alte Moulinex, die hier einspringen kann.

Damit Gemüse nicht verkocht und die Nährstoffe nicht mit dem Kochwasser weggeschüttet werden, finden wir Dämpfen ideal. Ein **Dämpfeinsatz**, der wie ein zusammenklappbares Sieb in verschieden große Töpfe mit Deckel gestellt werden kann, ist äußerst praktisch.

Für dekorative Resultate beim Gemüsezubereiten, die zusätzlich die Zubereitungszeit verkürzen könnten, lohnt sich ein guter **Zestenschäler**, Sparschäler oder Spiralschneider für Gemüse.

Bestimmte Gewürze wie Salz, aber auch Pfeffer sind in fast allen pikanten Gerichten in den Rezepten enthalten. Damit Pfeffer schmeckt, muss er frisch gemahlen sein. Also gönnen Sie sich eine gute **Pfeffermühle** – es lohnt sich!

Nicht nur diejenigen, die das Fermentieren ausprobieren wollen, werden sich über einen scharfen **Gemüsehobel** für Krautsalate und anderes freuen. Und dann liegt bei uns im Schrank noch die von der Großmutter geerbte **Kartoffelpresse**. Zugegeben etwas unpraktisch zu spülen, aber nichts kann feineres Püree herstellen, ohne eine Maschine anwerfen zu müssen. Kartoffelpressen kann man natürlich auch neu kaufen.

Ganz wichtig: Für unsere Rezepte setzen wir voraus, dass Sie eine gute **beschichtete Pfanne** besitzen. Damit sparen wir beim Anrösten Fett. Die herkömmlichen Teflonpfannen sind allerdings out. Ihr Einsatz ist deutlich auf niedrige Temperaturen beschränkt, und ihre Haltbarkeit ist nicht gegeben. Die modernen Keramikpfannen versprechen da mehr: nicht nur eine robustere Oberfläche, sondern sie eignen sich dank höherer Temperaturresistenz auch für das scharfe Anbraten bei starker Hitze. Achten Sie also auf jeden Fall auf eine teflonfreie Beschichtung (PTFE-frei).

Kein Muss, aber hilfreich sind **verstellbare Ringe** aus Edelstahl für Torten oder Desserts. Wir servieren außerdem gerne unser Risotto in dieser ansprechenden Art.

Mit Superfoods durchs Jahr

Wir machen es uns einfach – wir essen bunt. Gar nicht so einfach ist es aber, aus allem, was uns als pflanzliches Nahrungsmittel zur Verfügung steht, eine Auswahl zu treffen. Wir umgehen dieses Dilemma, indem wir vieles kurz aufzählen, jedoch nicht alle Pflanzen vorstellen. Wir greifen uns die »Superfoods«, also die Nahrungsmittel mit möglichst »besten Werten« heraus. Alle anderen sollten aber gerne auch auf Ihrem Speiseplan stehen. Die Rezepte sind so zusammengestellt, dass aus vielen Komponenten mit und ohne Superfood-Status echtes Superfood wird – wie in einem guten Team geht es um die erfolgreiche Zusammenarbeit aller Beteiligten.

Gemüse-Superfoods plus Hülsenfrüchte

Kohl und Co.

Blumenkohl, Brokkoli, Grünkohl, Kohlrabi, Rosen-, Rot-, Spitz-, Weißkohl, Wirsing usw.
Neu auf dem Markt Palmkohl und Senfkohl (Pak Choi)

Das Wunderbare an Kohl ist, dass es ihn in der einen oder anderen Sorte und Farbe zu jeder Jahreszeit gibt, sogar bei Frost den Grün- und Rosenkohl frisch vom Feld. Der Nährstoffverlust durch Lagern fällt damit weg.
Eine in den USA hochgeschätzte Liste (ANDI[4]) zur Bewertung der antioxidativen Pflanzenstoffe in Lebensmitteln gibt dem Kopf-, Blatt- und Senfkohl die Höchstwerte von 1000 Punkten, was bedeutet: besonders viele Nährstoffe bei wenig Kalorien. Doch was heißt das genauer?

Im Kohl stecken vergleichbare Mengen an Vitamin C wie in der Orange. Der Vitamin-K-Gehalt in Kohl kann den Tagesbedarf decken; damit gönnen wir unseren Knochen Unterstützung. Die Ballaststoffe beschleunigen den Darmdurchgang und vermindern so die Aufnahme schädlicher Stoffe im Darm. Kohl gilt als Cholesterinsenker und beugt auf diese Weise Herz-Kreislauf-Erkrankungen vor. Durch Stimulation von Entgiftungsenzymen soll er auch krebsvorbeugend sein. Mit seinen Mineralien Calcium, Kalium, Magnesium und Phosphor sorgt er für einen reibungslosen Stoffwechsel. Sein Schwefelgehalt wirkt entzündungswidrig. Reichlich B-Vitamine, besonders die Folsäure, bleiben besonders gut erhalten, wenn wir ungekochte Varianten verzehren. Fündig werden Sie in den Rezepten sowohl für die gekochte als auch die frische Zubereitung.

Kohlgemüse von Rosenkohl über Kohlrabi, Pak Choi und viele weitere lassen uns sehr vielfältig kochen und essen. Der Markt ist voll. Sie müssen sich nur bedienen.

Blattgemüse

Asia-Salat, Baby-Leaf-Salat, Brunnenkresse, Feldsalat, Kopfsalate, Mangold, Pflücksalate, Portulak, Postelein, Radicchio, Rucola/Rauke, Spinat usw.

Früher galt Salat einfach nur als Blatt, das weder satt machte noch Energie spendete. Gerade letztere Eigenschaft macht ihn heute zum Favoriten. Was wir zusätzlich brauchen, sind nicht Kalorien, sondern die Vitamine und Antioxidanzien, die in ihm stecken. Da wir die Blätter gut roh verzehren können, bleiben die hitzeempfindlichen Vitamine wie B1, C oder Folsäure erhalten. Grüne Blattgemüse, senfhaltige Gewächse und Brunnenkresse schneiden bei ANDI ebenso gut ab wie Grünkohl. Und da Rezepte selten nur aus grünen Blättern bestehen, sondern mit reichhaltigen Zutaten und Ölen die Nährstoffpalette vergrößern, stellen wir Ihnen natürlich Salat als Superfood vor. Salate punkten damit, in fast jeder Saison bei uns erhältlich zu sein, von Rucola, Brunnenkresse, Asia-Salaten (Senfartige) über Pflück- und Kopfsalate bis zum Feldsalat in den Wintermonaten. Achten Sie einmal darauf, wo der Salat herkommt, und fordern Sie ruhig ein, dass hiesiger im Regal steht.

Die frühen Grünen enthalten meist mehr Oxalsäure als später wachsende. Momentan wird davor gewarnt, zu viel davon aufzunehmen. Nach

unserer Feststellung gibt es Menschen, die darauf empfindlicher reagieren als andere. Wer also zu Nierensteinen neigt oder Kinder und Schwangere/Stillende sollten nicht zu viel auf einmal verzehren. Andererseits haben gerade diese frischen Blätter oft viel Folsäure und Eisen und reinigende Wirkung, was uns nach Weihnachten und den trägen Wintertagen sehr gelegen kommt.

Hülsenfrüchte

**Dicke Bohne, Erbse, grüne Bohne, Zuckerschote;
Kichererbse, Linse, weiße Bohne, Sojabohnen(-produkte)**

Wer sich weitgehend fleischlos ernährt, greift gerne zu eiweißhaltigen Hülsenfrüchten. Sie bieten insbesondere B-Vitamine und Eisen. Richtig heimisch sind davon die wenigsten – eigentlich nur die, die man in unreifem Zustand erntet: Zuckerschoten, grüne Bohnen, die wir mit ihrer Hülse verzehren, und Erbsen, Dicke Bohnen, deren Supersamen wir grün aus der Schote pulen.

Das Enthülsen ist etwas aus der Mode gekommen. Es ist leichter und billiger, auf Tiefkühlware zurückzugreifen. Damit landen wir allerdings wieder einmal in der Massenproduktion, die die maschinelle Ernte lohnenswert macht. Auf den Bauernmärkten oder vielleicht im eigenen Garten gibt es Erbsen und Dicke Bohnen noch in Schoten. Wer gemütlich auf dem Balkon in der Sonne sitzt, mit einer Schüssel auf dem Schoß, vielleicht guter Musik im Ohr, einem Kilo Erbsen oder Dicke Bohnen vor sich und diese gemütlich enthülst, befindet sich für kurze Zeit in einer Wellness-Oase. Probieren Sie's aus!

Die getrockneten reifen Samen von Linse, Bohne und Kichererbse aus den Ländern mit langer Vegetationsperiode haben den großen Vorteil, immer verfügbar zu sein. Damit lassen sie sich das ganze Jahr über mit anderen wertvollen Pflanzenerzeugnissen kombinieren. Sorgen Sie für ein Rendezvous von Hülsenfrüchten und Getreide. Damit haben Sie teil an einem Eiweißspektrum, das dem von Fleisch ganz nahekommt, aber ohne seine Nachteile (Übersäuerung, Antibiotika, mangelnde Ethik usw.). Mit diesen Vorteilen zählen die Hülsenfrüchte zu den Superfoods, denn sie versorgen uns mit allen wichtigen Proteinen.

Die Sojabohne spielt noch eine andere Rolle: Sie ist Fleisch- und Käse-Ersatz für Vegetarier und Veganer. Tofu und Geschnetzeltes aus Sojabohnen sollten dringend nur im Bioladen gekauft werden, denn Soja als eine der meistangebauten Hülsenfrüchte weltweit wird im konventionellen Anbau massiv gespritzt und gentechnisch verändert. Generell aber ist Soja eine der eiweißreichsten Gemüsesorten überhaupt. Die Bohne enthält viele wertvolle Fette und Proteine und als Pflanze kein Cholesterin. In Asien wird sie fast nur fermentiert genossen, was ihre Verdaulichkeit wesentlich verbessert.

Zwiebelartige

Knoblauch, Porree, Zwiebeln

Zwiebeln punkten mit ihren Schwefelverbindungen. Diese bringen uns zwar einerseits zum Weinen, mindern aber andererseits nachweislich Blutdruck- und Cholesterinwerte und möglicherweise auch das Krebsrisiko. Sie bringen das Immunsystem auf Trab, sind also ein wunderbares Rund-ums-Jahr-Gemüse.

Zwiebeln sind heute nicht mehr nur die gelben Zwiebeln wie in den 1960er-Jahren. Ganz früh im Jahr bringen die grünen Frühlingszwiebeln, später die sogenannten Lauchzwiebeln Frische in jedes Essen. Dann gibt es die Knollen: milder in Rot, Schalotten für die feine Küche und weiße Zwiebeln neben den bekannten gelben.

Man kann ihr Grün, wenn sie erntefrisch zu erwerben sind, mitverwenden. Aus Lagerung stehen uns die luftgetrockneten Knollen mit den sieben Häuten übers Jahr zur Verfügung. Auch die gelagerte Zwiebel sorgt geröstet immer für einen würzigen Geschmack. Eine besondere Rolle spielt der Lauch oder Porree. Ihn gibt es als Sommer- und frostharte Wintervariante. Schnittlauch und Schnittknoblauch brillieren als Kräuter in der wärmeren Jahreszeit. Und Knoblauchknollen sind aus unseren Rezepten nicht wegzudenken. Knoblauchduft ist inzwischen weitgehend gesellschaftsfähig geworden. Dosieren Sie ihn dezent als Gewürz oder gönnen Sie ihm einen großen Auftritt, um sein einzigartiges anregendes Aroma in vollen Zügen zu genießen.

Wurzeln und andere Knollen

Wer sich auf Schatzsuche begibt, braucht einen Spaten. Auch diese Gemüsesorten sind so wertvoll, dass es sich lohnt, danach zu graben. Wir wissen alle, dass Möhren die erste feste Nahrung für Kleinkinder sind, bekömmlich und gesund – wenn vom Bioacker. Ihre Farbstoffe verraten uns, dass sie antioxidativ wirken. Sie schenken uns Beta-Carotin, die Vorstufe von Vitamin A. Die Rübenartigen, die übrigens ganz verschiedenen Pflanzenfamilien angehören, gibt es übers ganze Jahr in einem breiten Angebot: Radieschen in allen Farben, Mairübchen, Möhren, Rote und Gelbe Bete, Herbstrübchen (immer auch die Blätter verwendbar) und die altbekannte Steckrübe. Diese bunte Gesellschaft enthält die vielfältigsten unterschiedlichen Nährstoffe – von Vitaminen über Mineralien und Aromen bis hin zu Ballaststoffen. Genaueres finden Sie in der Rubrik »Supergut zu wissen« bei den Rezepten.

Weitere Unterirdische bereichern unseren Speiseplan: Kartoffeln, Süßkartoffeln, Pastinaken, Topinambur – manchen von uns unverdientermaßen noch eher unbekannt.

Wurzeln oder Knollen bieten Scharfstoffe: Meerrettich, Radieschen, Sellerie. Damit regen sie den Appetit an, wirken entzündungsmindernd und wärmend. Oder Schleimstoffe wie beispielsweise Topinambur und Kartoffeln, die für Darmgesundheit sorgen und präbiotisch wirken, d. h. unsere guten Darmbakterien füttern.

Wildkräuter

Ach ja, die wunderbaren Wildkräuter, Ex-Unkräuter, die nur darauf warten, dass wir uns nach ihnen bücken. Glücklich, wer einen eigenen Garten hat, der ein bisschen verwildern darf. Wildkräuter wachsen eigentlich von allein – man muss sie nur erkennen. Da hilft ein Bestimmungsbuch oder ein Kräuterkurs, den Volkshochschulen oder Kräutergärtner übers Jahr anbieten, oft auch gleich mit

Vermittlung ihrer Anwendung. Die Brennnessel, unser Favorit, ist wohl jedem bekannt. Sie wächst zeitig im Jahr als erstes »Unkraut« und hat weniger Oxalsäure als andere Frühlingsboten (Sauerampfer, Scharbockskraut, Spinat, Mangold). Wildkräuter haben keine Zuchtformen, deshalb gehen wir davon aus, dass die aufgelisteten Nährstoffe in dieser Menge in den Pflanzen noch vorhanden sind – was bei manchen neugezüchteten Gemüsesorten zweifelhaft ist.

Bärlauch, egal, ob er nun zu den Zwiebelartigen gehört oder zu den Wildkräutern, hat hierzulande eine Renaissance erlebt, sodass er im Frühjahr sogar in Supermärkten präsent ist. Ein Bärlauch-Pesto ist aber auch wirklich unwiderstehlich …

Was sonst noch wächst, hier oder woanders

Kürbis, Pilze, Rhabarber, Spargel, Tomate, Zucchini; Artischocke, Aubergine, Avocado, Paprika usw.

Zugegeben, diese »Reste« unseres Gemüsespektrums haben – botanisch gesehen – nicht viel Gemeinsames, aber sie alle schmecken natürlich köstlich und erweitern unseren Speiseplan ums Beste. Die Gewohnheit der Spanier, den Spargel aus der Erde wachsen zu lassen, haben viele Mitteleuropäer inzwischen gerne übernommen. Grüner Spargel kommt so viel knackiger daher und bringt uns zudem eine Gabe an Chlorophyll.

Rhabarber macht mit seiner Säure richtig wach. Fortgeblasen ist die Frühjahrsmüdigkeit, als Dessert erfreut er uns ganz klassisch.

Pilze gelten bis heute als einer der wenigen pflanzlichen Vitamin-D-Spender. Sie schaffen es ganz nebenbei, die Konsistenz von Fleisch nachzuahmen; herrlich für Vegetarier, die kein Tier beißen, aber deren Zähne sich betätigen wollen. Der Shiitake gilt in Japan als Heilpilz und ist bei uns ebenfalls ein beliebter edler Zuchtpilz. Experimentieren Sie auch mit Pilzen wie Kräuterseitling, braunem Champignon und Austernpilz oder mit Wildpilzen, wenn Sie sich auskennen.

Obst-Superfoods

Baumobst

Heimische: Apfel, Birne, Pflaume, Quitte, Sauerkirsche; Südlichere: Aprikose, Zitrusfrüchte; Banane, Dattel, Granatapfel usw.

Obst geht immer. Es befriedigt den Hunger nach Süßem, löscht den Durst, macht frisch und erfreut das Auge mit seinen Farben. Wir konzentrieren uns auf wenige, eher hiesige Obstsorten, obwohl es schwerfiel, die anderen beiseite zu lassen. Essen Sie sie natürlich trotzdem; unserer Meinung nach ist die unverarbeitete pure Frucht immer noch die beste. Wer aber einmal etwas Feines mit ihnen anstellen will, wird in den Rezepten fündig.

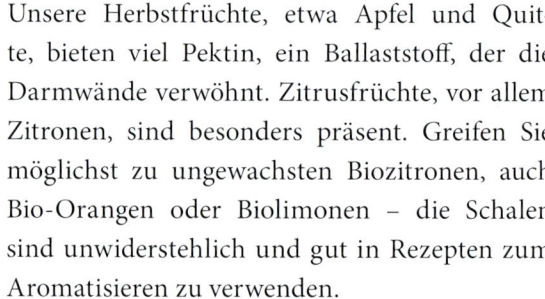

Unsere Herbstfrüchte, etwa Apfel und Quitte, bieten viel Pektin, ein Ballaststoff, der die Darmwände verwöhnt. Zitrusfrüchte, vor allem Zitronen, sind besonders präsent. Greifen Sie möglichst zu ungewachsten Biozitronen, auch Bio-Orangen oder Biolimonen – die Schalen sind unwiderstehlich und gut in Rezepten zum Aromatisieren zu verwenden.

Beeren

Früchte und Scheinfrüchte wie Blaubeere, Erdbeere, Himbeere, Johannisbeere, Stachelbeere; Weintraube, Kiwi und Exoten von noch weiter her wie Aronia-, Goji-, Maulbeere und Physalis

Nicht nur wir bezeichnen besonders die Beeren als Superfrüchte. Sie sind frisch relativ kurz im Jahr verfügbar, wenn wir uns an heimische Beeren halten. Damit fällt das lästige Maßhalten weg, denn ihr Verzehr wirkt wie eine Intensivkur, die die Nährstoffspeicher auffüllt. Hören Sie auf Ihren Appetit und Magen – dann gibt es auch keinen Durchfall. Blaubeeren gelten sogar als verdauungsregulierend. Nutzen Sie sämtliche Pflückmöglichkeiten auf Obsthöfen oder in freier Wildbahn (nicht an Autobahnen oder Straßen): So tanken Sie zwischen Pflücken und Naschen der Früchte auch noch Vitamin D von der Sonne. Win-Win!

Natürlich gibt es auch Tiefkühlbeeren. Gehen Sie davon aus, dass diese nicht per Hand gepflückt sind und von Sträuchern stammen, die so gezüchtet sind, dass fast alle Früchte gleichzeitig reifen – sonst würde die maschinelle Ernte nicht funktionieren. Eine Dauerverfügbarkeit macht uns jahreszeitlich unabhängig. Das erweitert manches Mal die Möglichkeiten in Rezepten, kann aber frische Früchte nicht wirklich ersetzen. Bei Müsli, Gebäck oder Desserts bedienen wir uns zudem der getrockneten Varianten (Aprikose, Sauerkirsche, Cranberry), auch solchen mit ausländischem Superfood-Status wie Goji-, Aronia- und Maulbeere sowie Physalis, wobei Gojibeeren nichts anderes sind als heimische Bocksdornfrüchte. Diese weisen oft eine erstaunliche Nährstoffdichte auf, manchmal sogar mehr als ihre frischen Vertreter.

Wildfrüchte

Brombeere, Heidelbeere, Holunder, Sanddorn; Berberitze, Felsenbirne, Hagebutte, Schlehe usw.

Man muss tatsächlich nicht alles kaufen – es gibt auch die Selbstbedienung in der Natur. Mit der Voraussetzung, dass man weiß, was und wo etwas wächst. Sanddorn ist schwierig zu finden, wenn man nicht im Norden wohnt, ebenso schwierig zu ernten, aber es gibt einen hervorragenden Muttersaft aus 100 % Frucht ohne Zucker im Bioladen. Hagebutten sieht man im frühen Winter leuchten. Ihre Verarbeitung ist aber sehr aufwendig; auch da ist es sinnvoll, auf ein gutes Fertigprodukt zurückzugreifen. Aber bei Brombeeren oder Holunder hat man viel Ausbeute mit wenig Arbeit. Und die Schlehe (oder Schwarzdorn) wächst in Mitteleuropa fast überall an Wegrändern und in Knicks. Roh verkosten lohnt sich nicht, denn sie ist sehr adstringierend, aber zu einem Likör verarbeitet …

Manchem eher unbekannt ist beispielsweise die Berberitzenfrucht mit ihrer säuerlichen Note, in türkischen Läden ist sie vorrätig. Berberitzen sind rotblättrige stachelige Hecken, etwas aus der Mode gekommen, weil sie nicht als heimische Buschpflanze gelten.

Kennen Sie eigentlich die Felsenbirnenfrucht, die wie eine Blaubeere aussieht, in Parkanlagen zu naschen ist und Ihr Müsli verfeinern könnte? Im frühen Herbst werfen uns die halbhohen Mirabellenbäume, die in Hecken ganz Mitteleuropas wachsen, ihre säuerlichen gelben Früchte hinterher. Die Blutpflaumen, die in Parks und Gärten als weiß- oder zartrosafarbene Frühjahrsblüher stehen, spenden später im Herbst Früchte in der gleichen Farbe wie ihr rotes Laub. Und nicht zu vergessen die nussigen Früchte wie Hasel- und Walnuss oder Marone, die hier und da noch jedem zugänglich in Wald und Feld wachsen.

Superfood-Getreide und -Pseudogetreide

> **Dinkel (Grünkern), Einkorn, Emmer, Gerste, Hafer, Kamut mit (wenig) Gluten; glutenfreie (Pseudo-)Getreide: Amaranth, Buchweizen, Hirse, Mais, Reis**

Getreide oder Pseudogetreide gehören unbedingt auf den Speiseplan, denn die Nährstoffe, die sie bieten, lassen sich schwer anderweitig ersetzen. Und sie bilden zusammen mit vielen Gemüsesorten eine ideale Nährstoffzusammensetzung.

Wir unterscheiden Getreide mit Gluten, dem Klebereiweiß, das sich für Backwaren besonders gut eignet, und Getreide und Pseudogetreide ohne Gluten, das gerne als »Risotto« oder im Bier oder Müsli zum Einsatz kommt. Es gibt deutliche Unterschiede bei den Nährstoffen auch der glutenhaltigen Getreide. So weisen Dinkel und Roggen, außerdem die alten Sorten einen höheren Nährstoffgehalt als Weizen auf.

Dinkel, Emmer und Einkorn sind Spelzgetreide – im Gegensatz zum Nacktgetreide wie Weizen, Hafer und Gerste. Bei ihnen ist ein weiterer Arbeitsschritt vor dem Gebrauch nötig: das Entspelzen. Was diese Getreide trotzdem interessant für den Ökoanbau macht, ist, dass man keine Ertragssteigerung durch Stickstoffdüngung erreicht. Einkorn, Emmer, Dinkel und Kamut enthalten, abgesehen von Eiweiß, Kohlenhydraten und wenig Fett, viele weitere Nährstoffe, darunter B-Vitamine, Magnesium, Natrium, Mangan, Zink und Chrom. Besonders das für jede Zelle notwendige Silicium, hilfreich auch für Bindegewebe und Calciumeinlagerung in den Knochen, ist zu erwähnen.

Getreide enthält Phytinsäure. Diese ist unbekömmlich und behindert durch ihre Bindung an Calcium, Eisen und Zink die Aufnahme dieser für uns wichtigen Mineralstoffe. Im Getreidekorn kommt aber auch pflanzliche Phytase vor,

ein Enzym, das die Phytinsäure abbaut und damit die negativen Effekte beseitigt. Die Phytase liebt leicht saures Milieu und braucht Zeit. Brot aus Sauerteig gebacken schafft diese optimalen Bedingungen! Auch in unseren Rezepten setzen wir auf Zeit: Wir lassen Getreide quellen, lange köcheln, ziehen. So können wir seine vollen Werte für uns gewinnen und seine Verdaulichkeit steigern.

Die glutenfreien Sorten Hirse, Buchweizen und Mais wachsen unter anderem im mittleren Europa. Reis gedeiht in Frankreichs Süden, Italien, Portugal und Spanien. Der Nassanbau hat sich bei Reis weitgehend durchgesetzt, eine Methode, die den Unkrautwuchs unterdrückt. Über Reis könnte man ein ganzes Buch schreiben, es gibt viele regionale Sorten und Anbauarten. Wir empfehlen, Reis im Bioladen zu kaufen, um ihn möglichst unbehandelt und ursprünglich zu erhalten. Mais aus Übersee zu kaufen, sollten Sie auf jeden Fall vermeiden: In Europa wird gentechnisch veränderter Mais (noch) nicht angebaut.

In einem Forschungsprojekt in den neuen Bundesländern wird versucht, die früher dort angebaute Rispenhirse wieder zu etablieren. Hirse als intensive Hackfrucht war im Anbau zu arbeitsaufwendig und ist von Kartoffel und Weizen verdrängt worden. Diese Tendenz zur Renaissance der Sortenvielfalt ist auf jeden Fall unterstützenswert. Sichern Sie sich den Genuss der Vielfalt und stärken Sie diese Entwicklung durch Ihre Nachfrage.

Superfood-Nüsse und -Samen

Die Hiesigen
Haselnuss, Marone, Walnuss

Was wir als Nüsse verzehren, sind streng genommen die Keimlinge nusstragender Bäume. Sie sind durch mehr oder weniger leicht zu knackende Schalen geschützt, was aber weder Eichhörnchen noch Raben oder Menschen davon abhält, sie als Köstlichkeit und Energieträger zu verspeisen.

Außer den Fettsäuren in Nüssen lieben wir ihren Mineralreichtum. Eher seltene Spurenelemente bieten sich meist in guter Bioverfügbarkeit an. Die Walnuss liefert Mangan, die Marone Selen, die Haselnuss Kupfer. Schade, dass so viele Menschen allergisch auf Haselnüsse reagieren, sie ist deshalb nur selten in unseren Rezepten vertreten. Wer sie verträgt, kann andere Nüsse durch sie ersetzen.

»Nüsse« von weiter her
Cashewkern, Kokosnuss, Mandel, Pinienkern

Die Mandel füllt nicht nur im veganen Bereich viele Lücken, die durch den Verzicht auf tierische Produkte entstanden sind. Ihr Mehl spielt eine wichtige Rolle bei glutenfreier Ernährung, ihr Öl versammelt die wichtigen Fettsäuren. Sie ist Bestandteil bester Konditorköstlichkeiten. Diese Wertschätzung verdankt sie den zahlreichen Nährstoffen, was Fette, aber auch Vitamine und Mineralien angeht. Das milde Klima, das sie zum Gedeihen braucht, findet sie in Weinbaugebieten in Mitteleuropa, besser noch in der Provence und den Mittelmeerregionen. Dort wachsen außerdem Pinienkerne.

Weiter reisen müssen die tropischen Cashewkerne oder Kokosnüsse, die man gerne als Milch oder geraspelt konsumiert. Gemeinsam ist den »Nüssen«, dass sie eine wunderbare Zutat zu vielen Rezepten bilden – und das nicht nur, weil sie mit ihren Nährstoffen den Superfood-Status der Gerichte erhöhen.

Saaten sind wie kleine Nüsse. Auch sie sind universell als Ergänzung einzusetzen. Bereichern Sie Ihre Mahlzeiten immer wieder durch Toppings aus Saaten. Sonnenblumenkerne liefern Magnesium, Leinsaat Eisen, Sesam Kupfer, Hanf Zink und Magnesium noch dazu. Auch Chia bringt eine große Palette an Nährwerten.

Schroten und gutes Kauen setzen die Nährstoffe frei. Die Ballaststoffe, die die kleinen Minerallieferanten mitbringen, sorgen an weiterer Stelle für Wohltaten. Zu Qualitätsöl verarbeitet sind ihre Fettsäuren leichter verfügbar, allerdings weniger lagerfähig.

Pflanzliche Superöle

**Distelöl, Hanföl, Kürbiskernöl, Leinöl,
Maiskeimöl, Mandelöl, Olivenöl,
Rapskernöl, Sesamöl, Sonnenblumenöl,
Traubenkernöl, Walnussöl,
Weizenkeimöl**

Superöle decken besonders den Bedarf an essenziellen Fettsäuren wie Omega-3 und Omega-6. Einfach und mehrfach ungesättigte Fettsäuren sorgen unter anderem für einen ausgewogenen Cholesterinspiegel und die Gesundheit der Blutgefäße. Omega-6-Fettsäuren steuern Samen, Gemüse und folgende pflanzliche Öle der Ernährung bei: Maiskeim-, Weizenkeim- und Distelöl. In der Regel nimmt man davon ausreichende Mengen auf. Omega-3-Fettsäuren – Gehirn- und Nervennahrung – liefern Öle von Walnuss, Hanf, Raps, Leinsaat oder Traubenkernen. Weil jedes Pflanzenöl unterschiedliche Aromen und Nährwerte bietet, lohnt es sich, häufig zu wechseln. In den Rezepten werden Sie verschiedene Vorschläge finden. Die genannten Öle eignen sich nur für kalte Speisen, da sie nicht erhitzt werden dürfen. Warum nur sind gute Dinge so kurzlebig? Viele der wundervollen Meriten der mehrfach ungesättigten Öle werden von ihrer Neigung zur Oxidation torpediert: Sie werden relativ schnell ranzig – und dann schaden sie der Gesundheit. Diese Öle kauft man deshalb in kleinen Mengen in dunklen Behältern und lagert sie kühl.

Beim Einsatz von Öl zum Kochen gilt als maßgebliches Kriterium der sogenannte Rauchpunkt, ab dem das Öl zu rauchen beginnt und der hochwertige Inhalt verbrennt.

Öle mit hohem Rauchpunkt – sie verbrennen erst bei sehr hohen Temperaturen – eignen sich besonders zum Braten und Backen. Dazu gehören Sonnenblumenöl, Kokosöl, Olivenöl, Sesamöl und last but not least Ghee, das ayurvedische Butterschmalz.

Ghee kann man leicht selbst herstellen: Butter langsam erhitzen, ohne sie zu kochen oder umzurühren. Am Topfboden und auf der Oberfläche setzen sich die nicht fetthaltigen Bestandteile ab, die abgeschöpft werden müssen oder am Boden bleiben sollen. Das am Ende übrig gebliebene reine klare Fett gießt man durch einen Papierfilter (Kaffeefilter) in ein Schraubdeckelglas. Es hält sich über Wochen im Kühlschrank.

Olivenöl ist ein Tausendsassa. Wurde es raffiniert, also die leicht rauchenden Substanzen entfernt, kann es bis zu 200 °C erhitzt werden und leistet beim Kochen gute Dienste. Köstlich ist das native Öl aus der ersten kalten Pressung – und kalt genießt man es auch im Salat oder pur auf Brot. Es gibt sehr unterschiedliche Aromen der verschiedenen Anbaugebiete und Sorten rund ums Mittelmeer. An einer Verkostung teilzunehmen und Öle von leicht bis schwer und dicht zu probieren, ist ein empfehlenswertes (Geschmacks-)Erlebnis.

Superfood-Kräuter

Die Einheimischen

Bohnenkraut, Borretsch, Dill, Kerbel, Koriander, Liebstöckel, Melisse, Minze, Petersilie, Pimpinelle, Sauerampfer, Schnittlauch usw.

Unser Organismus schwelgt mit Kräutern im Vitamin- und Mineralienparadies. Ganz Superfoodverdächtig ist Petersilie: Leicht verfügbar deckt sie mit ihren Mineralien Eisen, Silicium, Mangan, Fluor viele Schlüsselfunktionen ab. Nicht zu vergessen sind Kerbel, Koriander und Minze, andere »weiche« Blattkräuter, die gesunde Abwechslung in verschiedenste Gerichte bringen.

Kräuter sind »Intensivtäter«. Bereits geringe Mengen liefern einen Nährstoffregenbogen, der das einfachste Essen zu einem Superfood erhebt.

Wer ein Eckchen Erde sein Eigen nennt, kann sich leicht ein Kräuterbeet anlegen. Und auch ein Balkon oder eine Fensterbank lässt sich für einen kleinen Superfood-Garten nutzen. Das gilt natürlich genauso für die folgenden »Südländer«.

Die Mediterranen

Basilikum, Lavendel, Majoran, Oregano, Rosmarin, Salbei, Thymian usw.

Die wärmeliebenden mediterranen Kräuter, die allesamt Eisen spenden, machen es sich auch bei uns in steinumrandeten Nischen gemütlich. Frosttauglich sind sie jedoch nicht. Dennoch sieht man inzwischen in Gärten richtige Prachtexemplare von Salbei und Rosmarin – die Winter werden zunehmend milder.

Kräuter, die im Sommer bei höchstem Sonnenstand geerntet werden, sind am aromatischsten und auch am nährstoffreichsten. Wir haben für Sie besondere Ideen für die Verwendung von Kräutern bei »Kräuteröl und Weinessig« (siehe Seite 24) und im Rezept Sanddorn-Apfelmus (siehe »Küchengeheimnis«, Seite 149) beschrieben.

Gewürze

Chili (Cayennepfeffer), Ingwer, Kakao, Kümmel, Kurkuma, Meersalz, Muskat, Pfeffer, Schwarzkümmel, Sternanis, Vanille, Zimt usw.

Gewürze – ein Begriff, der Welten umfasst. Wissenswertes zu den einzelnen Gewürzen können Sie in der Rubrik »Supergut zu wissen« bei den Rezepten lesen. Hier ein paar Streiflichter vorweg, die später keine Erwähnung finden.

Eine Ernährung ohne Salz, besser gesagt Koch- oder Speisesalz, lässt sich kaum denken. Ob in pikanten oder süßen Speisen: Eine Prise Salz bewirkt Wunder, egal ob mit oder ohne Jodzusatz. Ungereinigtes Meersalz könnte diese Funktion auch erfüllen, aber ungenormt.

Wie viel Salz gesund ist, hat mit vielen individuellen Faktoren zu tun. Die Wissenschaftler entfernen sich immer weiter davon, genaue Werte anzugeben. Wer seine Gerichte mit Pfeffer, Cayennepfeffer (Chiligewürz), Kurkuma und weiteren Köstlichkeiten würzt, kann Salz reduzieren und erweitert seinen Geschmackssinn Richtung scharf, würzig (japanisch: umami), herb, pikant.

Gewürze sind hochintensiv, was Aromen und genauso Nährstoffe angeht. Oft reicht eine Prise oder Messerspitze, um Gerichten eine ganz bestimmte Note zu geben, beispielsweise Muskat zu zart-milden Gemüsesorten. Manche Gewürze helfen beim Verdauen. Andere bringen Pepp ins Essen und regen mit Schärfe und leichter Bitterkeit den Appetit an. Oder sie wärmen und sorgen für Vitalität.

Einem Dessert oder Kuchen ganz ohne Vanille, Zimt oder Kakao fehlt doch etwas? Aber Achtung bei Zimt! Wir empfehlen, Ceylon-Zimt zu verwenden, besonders wenn Kinder mitessen. Der billigere Cassia- oder auch Chinesische Zimt enthält erheblich mehr Cumarin (um das 100-fache!).

In Fertigprodukten wird aus Preisgründen meist Cassia-Zimt verwendet (deshalb kamen Fertigzimtsterne in Verruf). Cumarin ist ein sekundärer Pflanzenstoff, den wir vom Waldmeister her kennen. Er findet sich auch in Spuren in Erdbeeren, Aprikosen, Brombeeren, Datteln, Dill oder Pfefferminze. In geringen Mengen hilft er beispielsweise gegen Kopfschmerzen, denn er wirkt venenerweiternd. In höherer Dosis steht er aber im Verdacht, die Leber zu schädigen.

Wenn wir Vanille als Zutat nennen, verbirgt sich dahinter ein Produkt Ihrer Wahl. Vanille ist ein Gewürz aus der fermentierten Schote verschiedener Orchideenarten. Wir vermeiden das künstlich hergestellte Vanillin, das sich als Vanillinzucker billig kaufen lässt. »Echter« Vanillezucker ist mit der Schote aromatisierter Zucker, Vanillemark aus der Schote ist als teurer Luxus für besondere Gerichte reserviert.

Die Verfeinerung süßer Gerichte mit dem passenden Gewürz, etwa Anis zu Apfel oder Lavendel zu dem oder jenem Obst, kann den Zuckergehalt auf höchst köstliche Weise senken.

Extras: Ei, Milchprodukte, fetter Fisch, Fleisch

Ei ist nicht gleich Ei

In aktuellen Untersuchungen wird das Ei als »cholesterinneutral« bezeichnet. Es bringt zwar Cholesterin in den Körper, sorgt aber gleichzeitig durch Lezithin für dessen Abbau.

Cholesterin ist eine fettähnliche Substanz, ein Baustein aller Zellen, unentbehrlich bei der Produktion von Gallenflüssigkeit, Hormonen und Vitamin D. Darüber hinaus unterstützt Cholesterin Immunsystem, Gemütszustand, Gedächtnisleistung und Nerven. So hilft es uns bei Stress. Den größten Anteil produziert der Organismus selbst, vor allem in der Leber.

Außer Geschmack bieten Eier Eiweiß, Fett, das Provitamin A, die Vitamine D, E und K, B-Vitamine inklusive kleine Mengen Vitamin B12 sowie Mineralstoffe wie Calcium und Eisen. Allerdings muss ein Huhn, das ein hochwertiges Ei legt, selbst hochwertige Nahrung, sprich nicht nur Körner, sondern auch Kräuter, Gräser, Würmer, Obst und mehr aufgenommen haben. Vitamin D im Ei kann ebenfalls nur vorhanden sein, wenn ein Huhn die Gelegenheit hatte, Sonne zu tanken. Das spricht eindeutig dafür, nur Eier von Freiland-Biohühnern zu verzehren.

Milchprodukte statt Milch

Laktoseunverträglichkeit! Diese Diagnose trifft immer mehr Menschen. Und erst einmal ist man ratlos. Immerhin: Die Laktosesensitivität bezieht sich nicht auf alle Milchprodukte. Fermentierte und »gereifte« Milch ist oft besser verträglich: Joghurt, Kefir, Ayran, Quark, Käse. Greifen Sie vorsichtig weiter zu diesen Produkten. Sie versorgen uns auf einfache Weise mit Calcium, wertvollen B-Vitaminen, Spuren von Vitamin D – und unsere Darmbakterien lieben sie.

Ab und zu (fetter) Fisch und Fleisch

Fisch, besonders die fetthaltigen Sorten aus dem Meer wie Wildlachs, Hering, Makrele und Heilbutt, reichern unsere Ernährung mit den für uns überlebensnotwendigen Omega-3-Fettsäuren an. Damit schützen sie vor Herzerkrankungen und Osteoporose, helfen gegen Asthma, Arthritis und chronische Erschöpfung. Selbst Depressionen sollen sie abfedern können.

Fisch enthält noch dazu eine Vorstufe von Vitamin D. Zusammen mit Sonnenlicht, Calcium und Phosphor hält es Knochen und Zähne stabil. Vitamin D beeinflusst Typ-1-Diabetes positiv und wird zur Herstellung von Hormonen benötigt. Außerdem bieten Fisch und Fleisch wie auch Milchprodukte die Palette der B-Vitamine. Gerade wegen des Vitamins B12 (Cobalamin) sollten wir darauf nicht verzichten, um lebenslange Hirn- und Nervengesundheit zu erhalten. Wissenschaftler befürchten, dass besonders bei Veganern nach einiger Zeit nicht mehr genügend Vitamin B12 im Körper zur Verfügung stehen könnte. Bemerkbar wäre das erst nach mehreren Jahren. Also sollte man doch ab und an zu fettem Fisch oder Biofleisch greifen …

Die Rezepte

)) Die folgenden Rezepte sind so weit möglich **jahreszeitlich geordnet**. Ganz genau geht es nicht, da weder Klima noch landschaftliche Wachstumsbedingungen so genormt sind, dass die Pflanzen exakt nach Datum wachsen.

)) Für jede Jahreszeit haben wir **Snacks und Co., Vorspeisen, Hauptgerichte, Desserts** und ein **Getränk** aus vielen heimischen Zutaten für Sie zusammengestellt. An der Schriftfarbe und in der Fußzeile erkennen Sie die Zuordnung.

)) Snacks, besonders aber Vorspeisen und Hauptgerichte sind **wandelbar**. Man kann sie leicht durch Veränderung der Mengen zu dem einen oder anderen machen. Frei nach Ihrer Lust und Ihrem Appetit.

)) **Ein »veganer« Hinweis:** Die Zutaten für Veganer (wenn das Rezept nicht grundsätzlich vegan ist) haben wir mit Schrägstrich hinter die jeweiligen Ingredienzen gesetzt. Auf diese Weise lassen sich fast alle Speisen lecker abwandeln.

)) Wenn wir den **Backofen** anstellen, ist von Ober-/Unterhitze die Rede. Wenn Umluft nötig ist, wird das extra erwähnt.

)) **Gemüsebrühe** ist eine häufig verwendete Rezeptgrundlage. Wenn Sie das eher stereotyp schmeckende Fertigpulver vermeiden möchten, verwenden Sie Fond aus dem Glas oder das schnelle Rezept auf Seite 50 für eine Brühe, die sich für den zeitnahen Zugriff gut einfrieren lässt.

)) Bei **Nudeln** in den Rezepten überlassen wir Ihnen, ob Sie zur Vollkornware greifen oder zu der traditionellen Pasta. Es gibt auch hier im Bioladen interessante Alternativen.

)) Wenn Sie von einem Lebensmittel mehr als für eine Mahlzeit haben, finden Sie im Stichwortverzeichnis (ab Seite 155) **Anregung, in welchen Rezepten diese Zutat auch noch vorkommt**.

Radieschenblatt-Pesto mit Hanfbrötchen

Vom anderen Ende des Radieschens

1 Glas Pesto
1 Bund Radieschenblätter
   (ca. 60 g)
½ Bund Petersilie (ca. 30 g)
½ Biozitrone
20 ml mildes Olivenöl
Salz, Pfeffer nach Geschmack
4 TL Sonnenblumenkerne
optional 30 g Parmesan,
   gerieben

4 Hanfbrötchen
1 TL Trockenhefe
½ TL Zucker
80 g Dinkelschrot
1 EL Hanfsamen
optional 1 TL Chia
70 g Dinkelmehl 1050
optional plus 1 geh. TL Hanf-
   mehl
½ – 1 TL Salz
130 ml Molke/Wasser
etwas Milch/Wasser

Küchenzeit etwa 70 Min.
Zubereitung Pesto 10 Min.
Zubereitung Hanfbrötchen
etwa 60 Min.

Pesto Radieschenblätter verlesen, gründlich waschen und trocken schleudern. Von der **Petersilie** die harten Teile der Stiele entfernen, waschen und etwas trocken schütteln. Beides in den Mixer, dazu **Zitronensaft, Zitronenabrieb, Olivenöl** und **Salz** geben und glatt pürieren. Die **Sonnenblumenkerne** mahlen und zugeben oder für ein groberes Ergebnis ungemahlen mit in den Mixer geben. Mit **Pfeffer** abschmecken und in ein Glas füllen.

Frisch schmeckt das Pesto am besten und unglaublich nach Frühling. Mit einer dünnen Schicht Olivenöl über der Oberfläche kann man es auch mindestens 3 Tage im Kühlschrank aufbewahren.

Hanfbrötchen Trockenhefe mit dem **Zucker** und etwas lauwarmer Molke (Wasser) verrühren und an einem warmen, zugfreien Ort gehen lassen. Die **trockenen Zutaten** mischen, dann den Hefebrei und den Rest der zimmerwarmen **Molke** (Wasser) zufügen. Einen Teig kneten und gehen lassen, bis er sich verdoppelt hat. Nochmals kneten und 4 Brötchen formen. Im Ofen auf Backpapier 30 Minuten bei 200 °C backen. Mit Milch bestreichen und auf einem Gitter abkühlen lassen.

Supergut zu wissen

BITTERSTOFFE, auch Amara genannt, helfen Erwachsenen, die Verdauung auf Vordermann zu bringen. Großmutter schwor auf einen Kräuterbitter nach dem Essen. Mit unserem Pesto ist das nicht nötig. Die natürlichen Bitterstoffe machen Appetit und verhindern das Völlegefühl nach dem Essen. Sie regen die Verdauungsdrüsen zur Bildung der notwendigen Verdauungsenzyme an. Es beginnt eine positive Kettenreaktion. Der bittere Reiz wirkt bereits im Mund auf die Rezeptoren der Geschmacksknospen am Zungengrund. Es gibt mehr Speichel, mehr Flüssigkeit. Über den Vagusnerv reagieren dann Magen, Leber, Bauchspeicheldrüse und Dünndarm. Schon Pfarrer Kneipp empfahl BITTERKRÄUTER aus dem eigenen Garten.

Wer zu Übersäuerung des Magens oder Magengeschwüren neigt, sollte auf Bitteres verzichten. Kinder lehnen Bitterstoffe ab, sie brauchen sie auch nicht.

Falafel mit Baby-Leaves
Orientalisch light

4 Portionen Falafeln
60 g altbackenes feines Brot
1 Dose Kichererbsen,
   ungesalzen
5 EL Kichererbsensud aus
   der Dose
1 Zehe Knoblauch
1 Ei (vegan s. S. 154)
½ TL Rosmarin, fein gehackt
½ TL Thymian
Cayennepfeffer, Salz
2 EL Öl zum Ausbacken

Veganer Ei-Ersatz
1 EL Sojamehl auf 2 EL Wasser

4 Portionen Baby-Leaves
125 g Baby-Leaves

Küchenzeit 50 Min.

Falafeln Altbackenes Brot in Stücke schneiden und mit dem Nudelholz zu grobem Paniermehl verarbeiten.

Die **Kichererbsen**, den **Sud, Paniermehl, Knoblauch** und das **Ei** kurz mixen – die Masse kann noch etwas körnig, sollte aber homogen sein. Abschmecken mit den **Gewürzen**. Hände mit kaltem Wasser benetzen. Mit dem Esslöffel kleine Teigklumpen abstechen und mit nassen Händen zu Falafel-Kugeln rollen.

Etwas **Pflanzenöl** in eine Pfanne geben und die Falafeln backen, bis sie knusprig gebräunt sind. Auf Küchenpapier abtropfen lassen.

Baby-Leaves Auf einen **Baby-Leaf**- oder anderen **grünen Salat**, mit einer guten **Vinaigrette** (z. B. Seite 52 vom Granatapfel-Wildkräuter-Salat oder Seite 102 vom bunten Bürosalat) angemacht, drapieren Sie die Falafeln. Dazu passt Tsatsiki oder eine weiße Sauce (z. B. Meerrettichcreme auf Seite 104) und, wenn Sie mögen, Fladenbrot.

Supergut zu wissen
KICHERERBSEN werden getrocknet und in Dosen angeboten, sind also das ganze Jahr über verfügbar. Hülsenfrüchte sollten keinesfalls roh verzehrt werden wegen des Phasins, einem Schadstoff auf Eiweißbasis, der durch Kochen unschädlich wird. Die Dosenware ist bereits erhitzt und deshalb für die schnelle Küche geeignet. Wenn Sie die getrockneten Erbsen verwenden, lassen Sie diese 24 Stunden quellen – das verkürzt die Kochzeit auf ca. 60 Minuten. Das Einweichwasser der Kichererbsen wird anschließend weggegossen. Das Kochwasser hingegen kann als Flüssigkeit weiterverwendet werden. Phasin löst sich nicht im Wasser, sondern verändert sich durch Erhitzen chemisch und ist nicht mehr giftig.

Der besonders hohe Zink- und Magnesiumgehalt macht die Kichererbse so essenswert. Zink braucht der Körper zur Abwehr von Infektionskrankheiten und für die Herstellung von lebenswichtigen Enzymen für den Stoffwechsel. Auch schöne Haare und Nägel bekommt man durch Zink. Magnesium sorgt für einen guten Muskelstoffwechsel, verhindert nächtliche Wadenkrämpfe, aber auch die autonome Organmuskulatur braucht es – somit beugt Magnesium auch Herzerkrankungen vor.

Dicke-Bohnen-Salat
Ein veganes Protein-Highlight

4 Portionen Salat
etwa 300 g Dicke Bohnen (aus
  etwa 1,2 kg Dicken Bohnen
  in Hülsen)

Marinade
½ Bund Bohnenkraut
½ Bund Petersilie
2 EL leichtes Olivenöl
1 EL Kürbiskernöl
1 EL Zitronensaft
Salz, Pfeffer
1 Msp. geriebener Ingwer

Küchenzeit 15 Min.
mit meditativem, haptisch
wohltuendem Enthülsen
plus 20 Min.

Salat Die **Dicken Bohnen** enthülsen und 7 bis 10 Minuten mit Wasser bedeckt köcheln. Wasser abgießen. Wenn die Bohnen nicht sehr frisch sind, drückt man die inneren Kerne aus den Häutchen.

Marinade **Kräuter waschen** und trocknen. Bei der **Petersilie** die dicken Stängel entfernen. Kräuter sehr fein hacken. In ein Schraubglas geben, ebenso das **Öl** und den **Zitronensaft**. **Salz, Pfeffer** und **Ingwer** nach Geschmack zugeben. Die Marinade durch Schütteln emulgieren und über die Bohnen geben.
Wie bei allem Mariniertem lohnt sich ein etwas längeres Ziehenlassen. Eventuell können Sie mit einem Schuss Kräuteressig nachsäuern.

Beilagentipp Dicke Bohnen ergeben eine feine Beilage unter anderem zu Grillkartoffeln oder Brot mit Tomate und Schafskäse.

Supergut zu wissen

Bis zur Einführung der Kartoffel galt die DICKE BOHNE, auch Puff-, Sau- oder Ackerbohne, als eines der Hauptnahrungsmittel hierzulande. Sie ist relativ früh verfügbar (Mai bis September) und liefert wertvolle Proteine. Irgendwie ist sie dann in Vergessenheit geraten. Der Ertrag von 1 kg Bohnenhülsen zu etwa 200 g küchenfertigen Bohnen mag abschrecken. Aber machen Sie sich und besonders Kindern einmal die Freude, die großen rundlichen Bohnen aus ihrer flauschig-weichen Hülle zu streifen, ein sinnliches, eindrückliches Kindheitserlebnis. Zu erwähnenswerten Mengen an Calcium und Eisen bietet die Bohne noch Vitamin C, B-Vitamine und das Provitamin A, Nährstoffe, die der Körper für den Zellaufbau und Stoffwechsel braucht, und das bei wenig Kalorien und mit den so wichtigen Ballaststoffen. Achtung: Menschen, die am Enzymmangel Favismus leiden, dürfen keine Dicke Bohnen essen.
BOHNENKRAUT harmoniert, wie sein Name verrät, mit allen Bohnensorten. Beim Mitkochen werden seine Aromen und seine ätherischen Ölen aufgeschlossen und sorgen für bessere Verdaulichkeit der Hülsenfrüchte. Im sonnigen Garten lassen sich die mehrjährige und die einjährige Sorte leicht anbauen, auch zur Freude der Insekten.

Hirse-Bärlauch-Plätzchen

Nahrhaftes nach dem Winterschlaf

4 Portionen Plätzchen
200 g Goldhirse oder Hirse
500 ml Gemüsebrühe
1 Bund Bärlauch
5 Stängel Petersilie
1 Ei
Salz, Pfeffer
evtl. 1 EL Kartoffelstärke
etwas Pflanzenöl

Veganer Ei-Ersatz
1 EL Sojamehl auf 2 EL Wasser

Schnelle DIY-Gemüsebrühe
Für ca. 1 l Brühe
1½ l Wasser
2 Möhren
1 Stück Sellerie oder
 5 EL Liebstöckel, gehackt
1 Stange Lauch

Küchenzeit 70 Min.
Zubereitung Hirse 50 Min.
Zubereitung Brühe 20 Min.

Plätzchen **Hirse** in **Gemüsebrühe** mindestens 30 Minuten köcheln. **Bärlauch** und **Petersilie** waschen und inklusive dünner Stiele fein hacken. In eine Schüssel das **Ei** aufschlagen, Hirse und Kräuter zugeben und mit **Salz** und **Pfeffer** abschmecken. Eventuell noch mit **Kartoffelstärke** binden.

Mit nassen Händen Hirseplätzchen formen. In eine Pfanne mit wenig **Pflanzenöl** vorsichtig hineinlegen und von beiden Seiten knusprig backen. Behutsam wenden, damit die Form erhalten bleibt.

Serviertipp Mit Kräuterjoghurt oder -quark gereicht, können die Plätzchen den Status einer Hauptspeise einnehmen.

Gemüsebrühe **Gemüse** gut waschen, **Möhren** und **Sellerie** schälen, mit **Liebstöckel** und dem **Lauch** sehr klein geschnitten im **Wasser** weich kochen. Mit **Salz** und **Pfeffer** abschmecken. Ergibt etwa **1 Liter Gemüsebrühe**, die universell einsetzbar ist.

Supergut zu wissen

HIRSE bietet uns ein paar Besonderheiten: Silicium für schönes Haar und strahlende Haut, Fluor für gesunde Zähne und pflanzliches Eisen – mit Vitamin C aus dem Bärlauch und Petersilie gut bioverfügbar. Die Nährstoffe von Hirse sind im ganzen Korn und nicht nur in den Randschichten vorhanden. Und glutenfrei ist sie außerdem.

BÄRLAUCH riecht und schmeckt nicht nur wie Knoblauch, ihm werden auch die gleichen positiven Wirkungen nachgesagt. Wie bei allen Zwiebelgewächsen haben wir es mit Schwefelverbindungen zu tun. Sein Eisen kann durch das ebenfalls enthaltene Vitamin C bestens als Nährstoff verwertet werden. Man sagt sogar, man müsse nach Bärlauchgenuss nicht mit dem charakteristischen Mundgeruch rechnen. Probieren Sie's aus.

Bei PETERSILIE lohnt es sich, die nicht verholzten Stängel mitzuverwenden, ein Zugewinn an weiterem Vitamin C, Folsäure und Geschmack. Bei Kräutern aus konventionellem Anbau allerdings könnte in den Stängeln mehr Nitrit stecken, also Bioqualität kaufen.

Granatapfel-Wildkräuter-Salat
Erstes Grün mit rotem Granat

4 Portionen Salat
4 Handvoll Wildkräuter
  (alternativ Rucola, Baby-
  Leaf-, Asia-Salat oder
  Feldsalat)
falls möglich einige Blüten-
  blätter
1 Granatapfel
150 – 200 g Ziegengouda
  oder geräucherter Tofu

Vinaigrette
2 EL Zitronensaft
6 EL hochwertiges Pflanzenöl
  (z. B. 4 EL Rapskernöl plus
  2 EL Leinöl)
2 TL Apfel- oder Birnendicksaft
1 TL Senf
Salz und Pfeffer nach
  Geschmack
evtl. etwas fermentierte
  Biosojasauce
optional duftig geröstete
  Pinienkerne

Küchenzeit 15 Min.

Salat Die **jungen Blätter** gründlich waschen und trocken schleudern. Dann auf einer Platte anrichten. Den **Granatapfel** zerteilen und die Kerne vorsichtig herauslösen (wie das geht, siehe Rezept Einkorn-Schoko-Grenadine, Seite 148).

Vinaigrette **Alle Zutaten** der Vinaigrette zu einer sämigen Emulsion verrühren. Kurz vor dem Servieren über den Salat geben.

Wildkräuter Im Frühjahr: **Löwenzahn, Scharbockskraut** (vor der Blüte ernten!), **Sauerampfer, Rauke, Giersch, Bärlauch, Gänseblüm-chenblätter**, später dann auch **Vogelmiere**, wilder **Majoran**. Achten Sie darauf, wenn Sie selbst Wildkräuter sammeln, dass Sie die Pflanzen genau kennen und nur die Jungtriebe ernten. Natürlich nur an Stellen, die nicht umweltbelastet oder von Hunden verunreinigt sind.

Alternativ zur Wildkräutersammlung mischen Sie **Rucola, Asia-Salat, Feldsalat, Kresse, Portulak, Pimpinelle** oder auch die Babyblätt-chen von **Kohlrabi, Rotkohl, Rote Bete, Pflücksalaten, Spinat**.

Blütenpracht auf dem Teller Der feinherbe Geschmack der Wildkräuter lässt sich ergänzen durch die ersten zarten Blütenblättchen von **Gän-seblümchen, Taubnessel, Lungenkraut, Veilchen, Löwenzahn,** später dann **Rosen, Borretsch, Calendula** oder **Rotklee**.

Fruchtig frische Ergänzung Sie ergibt sich durch **Granatapfelkerne, Walderdbeeren, Felsenbirnenfrüchtchen, Blaubeeren, Brombeeren** oder auch **Birnenstückchen, Apfelspalten** und weitere.

Topping Eine Extraportion Calcium und Umami-Geschmack liefern hauchdünne gehobelter **Ziegengouda** und geräucherte **Tofustücke**.

Supergut zu wissen Die WILDKRÄUTER bieten reichlich Vitamin C, oft extrem viele Spurenelemente und Folsäure. Da wir sie nicht erhitzen, ersparen wir uns Verluste. Sie wirken reinigend und treiben die Frühjahrsmüdigkeit aus den Knochen. Folsäure, das empfindliche B9-Vitamin, extrem wichtig für Blutbildung, für Schwangere, fürs Immunsystem, wird häufig zu wenig aufgenommen. Ihr Name stammt vom Lateinischen »Folium« ab, genau dort – im Blatt – lässt sich Folsäure unter anderem finden. Greifen Sie also zu frischem Grün, am besten regelmäßig das ganze Jahr über.

Buchweizenrisotto
Eine aussichtsreiche Beziehung

8 Portionen Vorspeise
4 Portionen Hauptgericht
Risotto
1 große rote Paprikaschote
etwas Olivenöl
8 Oliven, entkernt
2 Zwiebeln
1 Msp. Paprikapulver
200 g Buchweizen
400 – 500 ml heißes Wasser
optional 50 ml Weißwein
1 EL Mandelmus
Salz, Pfeffer, Cayennepfeffer
1 Spritzer Zitronensaft oder
  Sojasauce

Topping
50 g Parmesanhobel/Mandel-
  blättchen
optional Schnittlauch und
  2 – 3 Stängel Estragon

Küchenzeit 45 Min.

Risotto **Paprika** waschen, putzen und in kleine Würfel schneiden. Mit etwas **Olivenöl** in einer Pfanne kurz anrösten. In eine kleine Schüssel füllen und beiseite stellen. Die **Oliven** würfeln und bereitstellen. **Zwiebeln** abziehen und klein würfeln. In der Pfanne in etwas **Olivenöl** mit dem **Paprikapulver** anrösten. Den gewaschenen und abgetropften **Buchweizen** dazugeben und mitrösten. Mit dem **Weißwein** (oder Wasser) unter Rühren ablöschen. Nach und nach das **heiße Wasser** zugeben und dabei rühren, sodass der Buchweizen ständig mit Flüssigkeit bedeckt ist. Den Vorgang so lange fortsetzen, bis das Wasser verbraucht und der Buchweizen gar ist. **Mandelmus** unterheben. Mit **Salz, Pfeffer** und **Cayennepfeffer** abschmecken. Nach Belieben mit **Zitronensaft** oder Sojasauce verfeinern.

Topping Vor dem Servieren mit grobem **Parmesanhobel** oder **Mandelblättchen** garnieren. Wenn vorhanden, mit Schnittlauch und Estragon anrichten.

Supergut zu wissen Bei BUCHWEIZEN lohnt es schon wegen des Geschmacks, auf mindestens europäische Herkunft zu achten. Imker schwören auf ihn als nahrhafte Bienentracht, Gemüsebauern gilt er als Bodenverbesserer. Er liebt sandige, düngerfreie Böden. Buchweizen ist glutenfrei und verwöhnt uns mit Ballaststoffen, B-Vitaminen, Vitamin E, viel Kalium und Selen. Letzteres wirkt antioxidativ und verjüngend, seine Bioverfügbarkeit wird durch Vitamin A, C und E erhöht. Die wärmende Kraft des Buchweizens lässt sich vielleicht durch seine Fähigkeit, Gefäße zu erweitern, erklären.

Grüne Suppe und Sauerampferöl

Salat heiß aus dem Topf

4 Portionen Suppe
75 g Frühlingszwiebeln
75 g Butter/Biomargarine
50 g Mehl
100 ml trockener Weißwein
1 Kopfsalat
4 junge Blätter Löwenzahn
   oder 8 Blätter Rucola
150 ml Sahne/Sojasahne
400 ml Gemüsebrühe
Salz, Pfeffer
Zitronensaft

Topping
5 Blätter Sauerampfer
   oder 4 Zweige Kerbel
2 EL Rapskernöl
Salz

Küchenzeit 20 Min.

Topping **Sauerampfer** waschen, Stiele entfernen, Blätter fein hacken. Mit dem **Rapskernöl** mischen und etwas **salzen**. Zur Seite stellen.

Suppe **Frühlingszwiebeln** waschen und in feine Ringe schneiden. **Butter** in einem Topf zergehen lassen und die Zwiebeln andünsten. **Mehl** darüber streuen, umrühren, bis die Zwiebeln gleichmäßig überzogen sind. Langsam den **Weißwein** zufügen und weiterrühren. Den gewaschenen, trocken geschleuderten und grob geschnittenen **Kopfsalat** und **Löwenzahn** zugeben und zusammenfallen lassen. **Sahne** und **Gemüsebrühe** einrühren und kurz aufkochen.

Alles sehr gleichmäßig pürieren. Mit **Salz, Pfeffer** und **Zitronensaft** abschmecken.

Topping Auf Tellern anrichten und mit Sauerampferöl beträufeln.

Supergut zu wissen

CHLOROPHYLL, dem grünen Farbstoff der Pflanzen, wird eine krebshemmende Wirkung nachgesagt. In vitro konnten die Forscher das schon nachweisen. Auch für die Blutbildung soll es gut sein. Leider ist Chlorophyll nicht sehr hitzebeständig, also diese Suppe nur so kurz wie möglich erhitzen, um möglichst viel dieser bioaktiven Substanz zu bewahren.

Sehen Sie das »Topp on« des oxalsäurehaltigen SAUERAMPFERS als geschmackliches i-Tüpfelchen dieser Suppe. Sein Vitamin C ist höher als bei anderen Kräutern, und er spendet Vitamin B1, B2, B6 und E. Verwenden Sie junge frische Blätter, denn sobald Blüten gebildet werden, vernachlässigt die Pflanze die Blätter und steckt alle Nährstoffe in den zukünftigen Nachwuchs. Saure Kräuter werden in der Heilkunde gegen Hautleiden, Vitamin-C-Mangel, zur Verdauungsförderung und bei Frühjahrskuren eingesetzt.

Orangen-Fenchel-Salat
Frisch – fruchtig – Frühling!

4 Portionen Salat
1 Bio-Orange
1 Fenchelknolle mit Kraut
4 Radieschen mit Grün
Feldsalat oder Wildkräuter wie
   Gänseblümchen, Schar-
   bockskraut, Brunnenkresse,
   Portulak

Vinaigrette
aufgefangener Orangensaft
2 EL Rapskernöl oder
   Traubenkernöl
1 EL Mandelöl
Apfelessig nach Geschmack
Salz, Pfeffer
evtl. ½ TL Senf

Küchenzeit 20 Min.

Salat Die Schale der **Orange** rundherum mit einem scharfen Messer abschneiden, nicht abziehen. Der Schnitt verläuft knapp im Fruchtfleisch. Über einer Schüssel arbeiten und den Saft auffangen. Die Orange quer in dünne Scheiben schneiden. Das Weiß in der Mitte vorsichtig entfernen.

Fenchelgrün abschneiden und zur Seite legen. Die **Fenchelknolle** waschen, halbieren. Den Wurzelansatz keilförmig entfernen. Die Hälften in feine Querstreifen hobeln.

Die **Radieschen** waschen, putzen, Grün für weitere Verwendung aufheben (z. B. Radieschenblatt-Pesto, Seite 44). Dann die kleinen Knollen in hauchdünne Scheiben schneiden.

Die **Feldsalat-** oder **Wildkräuterblätter** (oder etwas Radieschengrün) waschen und verlesen.

Fenchel, Orangenscheiben, Radieschen und Blattgrün dekorativ auf 4 Tellern anrichten.

Vinaigrette In einem kleinen Schraubdeckelglas alle Zutaten durch Schütteln emulgieren. Kurz vor dem Servieren über den Salat geben.

Supergut zu wissen

Die knackigen RADIESCHEN erfreuen uns besonders früh im Jahr. Das schaffen sie durch ihre kurze Wachstumszeit von nur 4 bis 6 Wochen und dadurch, dass sie bereits bei 5 °C über Null keimen. Sie leuchten rot, rot-weiß oder sogar violett – mit der Farbe der Anthocyane, dem sekundären Pflanzenstoff, der antioxidativ und verjüngend wirken soll. Mit viel Vitamin C, wie alle Frühlingsboten, und wenig Kalorien sorgen Radieschen für Vitalität. Die Senföle, die für die freche Schärfe sorgen, wirken antibakteriell, antiviral und verdauungsregulierend.

Die ORANGE schafft mit ihrer Fruchtsäure eine Grundvoraussetzung, um Calcium (von Fenchel und Mandelöl) gut verwerten zu können. Die ungesättigten Fettsäuren der guten Öle sorgen außerdem dafür, die Aufnahme von Vitamin C zu erleichtern. Eine typische Win-Win-Situation.

Brennnessel- und Spinat-Cannelloni

Grün genudelt

4 Portionen Cannelloni
1 Zwiebel
1 Zehe Knoblauch
etwas Öl
200 g Champignons
200 g Spinat
100 g Brennnesselspitzen
oder weitere 100 g Spinat
250 g Quark (20 %)/Tofu,
zerbröselt
evtl. Mandelmehl oder Mehl
1 Msp. Muskat
Salz, Pfeffer
16 Cannelloni
100 g Emmentaler, gerieben

Vegane Variante
Statt Käse eine Semmelbrösel-
Mandelmehl-Mischung plus
Meersalz über die Béchamel
streuen.

Béchamelsauce
1 EL Butter/Biomargarine
1 EL Mehl/Mandelmehl
250 ml Milch/Mandelmilch
1 Spritzer Apfelessig
Salz, Pfeffer

Küchenzeit 50 Min.

Backofen auf 200 °C vorheizen.

Cannelloni Zwiebel klein würfeln, **Knoblauch** fein hobeln, beides kurz in einer Pfanne mit wenig **Öl** rösten. **Champignons** mit Pinsel reinigen (nicht waschen), in Scheiben schneiden und dazugeben.

Spinat und **Brennnesseln** verlesen, waschen, trocken schleudern. Zu der Zwiebel-Pilz-Mischung geben und zusammenfallen lassen. Vom Herd nehmen und den abgetropften **Quark** untermischen. Wenn die Mischung zu flüssig scheint, mit wenig **Mandelmehl** oder **Mehl** binden. Abschmecken mit **Muskat, Salz** und **Pfeffer**.

Die Gemüsemischung in eine Spritztüte oder einen Gefrierbeutel (eine Ecke als Tülle abschneiden) geben. Die **Cannelloni** befüllen und in eine Auflaufform legen.

Béchamelsauce Butter in einem Topf schmelzen. Vom Herd nehmen und das **Mehl** gleichmäßig unterrühren. Mit etwas **Milch** angießen, weiterrühren, bis die Sauce homogen ist. Die restliche Milch mit dem Schneebesen unterrühren und die Sauce aufkochen. Abschmecken mit einem Spritzer **Apfelessig, Salz** und **Pfeffer** und über die Cannelloni geben.

Anschließend mit **Emmentaler** bestreuen.

Bei 200 °C etwa 30 Minuten backen, bis der Käse gebräunt ist.

Supergut zu wissen

BRENNNESSEL enthält α-Linolensäure, die Entzündungen im Zaum hält, und fast keine Oxalsäure. Eine Mischung mit SPINAT, der mehr davon enthält, ist also günstig. Der Frühling liefert uns viele frische Jungpflanzen mit Oxalsäure, immer gepaart mit einem hohen Vitamin-C-Gehalt und weiteren Nährstoffen, die wir brauchen. Die Lösung liegt wohl – wie immer – in der Dosierung. Essen Sie genüsslich, aber nicht täglich Spinat. Beide Blattgemüse, besonders aber die Brennnessel, bieten außerdem noch reichlich Silicium fürs straffe Bindegewebe.

Rumänische Fischsuppe

Ciorba de pește (sprich Tschorba de peschte)

4 Portionen Fischsuppe
1 Tasse Reis
1½ l Wasser
2 Kartoffeln
2 Möhren
1 Zwiebel
2 EL Olivenöl
1 Stange Lauch
1 Tasse Erbsen
1 Tasse grüne Bohnen
½ rote Paprikaschote
1 kleine Zucchini
3 Stängel Liebstöckel
½ Bund Petersilie
ca. ½ l Sauerkrautsaft,
  milchsauer vergoren
2 Tomaten (aus der Dose)
1 EL Tomatenmark
400 g Fischfilet (Lachs,
  Makrele o. Ä.)/Seidentofu
Salz, Pfeffer
4 TL Joghurt/Sojajoghurt

Küchenzeit 30 Min.

Erbsen, grüne Bohnen und Fischfilet können frisch oder tiefgekühlt verwendet werden. Wegen der unterschiedlichen Garzeiten werden die Zutaten gestaffelt zugegeben.

Fischsuppe **Reis** in 1½ l **Salzwasser** ca. 4 Minuten kochen. **Kartoffeln** und **Möhren** putzen, würfeln und dazugeben. 4 bis 5 Minuten kochen. Die gewürfelte **Zwiebel** in einer Pfanne mit wenig **Öl** anrösten, den **Lauch** längs aufschlitzen und gut waschen, in Ringe schneiden und etwas zeitverzögert mitrösten. Beides zum Reis in den Topf umfüllen. **Erbsen** und **Bohnen** zugeben. **Paprika** und **Zucchini** würfeln und mitkochen – Zucchini nur 5 Minuten. Klein gehackten **Liebstöckel**, die Hälfte der gehackten **Petersilie** und **Sauerkrautsaft**, gewürfelte **Tomaten** und **Tomatenmark**, mit etwas Suppe angerührt, zufügen.
Die **Fischfilets** mit **Salz** einreiben, in etwas **Öl** beidseitig kurz braten. Nach dem vorsichtigen Wenden in mundgerechte Stücke teilen. In die Suppe geben und unterziehen. Mit **Salz** und **Pfeffer** abschmecken.

Topping Ciorba auf dem Teller mit einem Klecks **Joghurt** oder **Sojajoghurt** krönen. Den Rest der gehackten **Petersilie** darüber streuen.

Vegane Variante Statt Fisch eine Einlage aus exakt geschnittenem **Seidentofu** auf jeden Teller geben, getoppt mit der restlichen Petersilie.

Supergut zu wissen

Diese mild gesäuerte CIORBA steht wie der Borschtsch für die typisch osteuropäische Variante der anis-süßen französischen Bouillabaisse. Die Verwendung der milchsauren Gemüsesäfte von Weißkohl oder Roten Beten ergänzt das Gericht mit einer appetitanregenden fein säuerlich-würzigen Note. Ein spannender Appetizer oder ein befriedigendes Hauptgericht.
Fetter MEERESFISCH liefert mindestens 10 % Fett. Die überlebenswichtigen Omega-3-Fettsäuren brauchen wir für Herz- und Hirngesundheit. Fetter Fisch ist eines der wenigen Vitamin-D-haltigen Nahrungsmittel, die Knorpel- und Knochenaufbau fördern können.

Gebackene Kartoffeln mit Mangold
Unter- und überirdisch lecker

4 Portionen gebackene Kartoffeln
8 mittelgroße Kartoffeln
etwas Olivenöl
etwas Meersalz

Füllung
8 kleinere Mangoldblätter mit Stielen
etwas Weinessig fürs Kochwasser
2 EL Mandelblättchen
½ Zwiebel
2 Zehen Knoblauch
wenig Öl
150 g Grillkäse (z. B. Andechser)
Salz, Pfeffer
1 Msp. Muskat

Vegane Variante
Statt Grillkäse lässt sich Tofu verwenden.

Küchenzeit 50 Min.

Gebackene Kartoffeln **Kartoffeln** unter Wasser bürsten, trocknen und halbiert mit der Schnittfläche auf ein leicht gefettetes Blech legen. Mit einem Pinsel wenig **Olivenöl** auf die Kartoffeln auftragen. Etwas **Meersalz** darüber streuen. Etwa 30 Minuten bei 200 °C backen.

Füllung Die **Mangoldblätter** waschen und trocknen. Die **Stiele** vom Grün trennen und in mundgerechte Stücke schneiden. In einem Topf knapp mit **Salz-Essig-Wasser** bedeckt köcheln, bis sie bissfest sind (ca. 5 Minuten). Wasser abgießen, beiseite stellen und später verwenden.
In einer Pfanne die **Mandelblättchen** ohne Fett duftig rösten, zur Seite stellen.

Die gewürfelte **Zwiebel** und die fein gehobelte **Knoblauchzehen** mit wenig **Öl** in der Pfanne anrösten. Die in mundgerechte Teile geschnittenen **Mangoldblätter** dazugeben und zusammenfallen lassen. Den gewürfelten **Grillkäse** zufügen. Kurz erwärmen und die Pfanne von der Kochstelle nehmen. Abschmecken mit **Salz**, **Pfeffer** und **Muskat**.

Gebackene Kartoffeln Die Kartoffeln aus dem Ofen in eine Auflaufform geben. Eventuell Kartoffeln etwas aushöhlen. Die Pfannenmischung vorsichtig auf den Hälften verteilen. Mit den **Mandelblättchen** bestreuen, nochmals kurz in den Ofen schieben und dann servieren. Übrig gebliebene Pfannenmischung mit den überschüssigen Kartoffeln vom Aushöhlen als Beilage reichen.

Supergut zu wissen KARTOFFELN waren um 1900 das Hauptnahrungsmittel in Mitteleuropa. Von damals 270 kg pro Kopf und Jahr ist der Verbrauch auf etwa 60 kg gesunken.[5] Schade! Denn die Kartoffel liefert zu jedem Gericht viele B-Vitamine, beispielsweise B6, das für den Eiweißstoffwechsel wichtig ist, aber auch für die Herstellung des Hirnbotenstoffs Serotonin, der für gute Stimmung sorgt. Übrigens essen wir mit der Kartoffel auch das seltenere Spurenelement Chrom, das Steuerfunktionen beim Insulin übernimmt.

Mit MANGOLD erhalten wir gleich zwei leckere Gerichte: Unsere Füllung für die Kartoffeln und marinierte Mangoldstiele. Im Kühlschrank für den nächsten Tag dienen diese als Brotbelag, als Beilage und Salat. Mit Petersilie oder anderen Kräutern der Saison wird daraus ein nährstoffhaltiges Essen. Mangold punktet mit einem guten Calcium-Phosphor-Verhältnis, was die Bioverfügbarkeit beider Nährstoffe erhöht.

Pfannkuchen mit grünem Spargel
Tolle Rolle mit pikantem Inhalt

8 Pfannkuchen
75 g Amaranth
3 Eier
100 ml kohlensäurehaltiges
 Mineralwasser
200 ml Milch
150 g Dinkelmehl 1050
½ TL Salz
1 Msp. Muskat
Butter zum Ausbacken

Grüner Spargel
ca. 32 Stangen grüner Spargel
Butter zum Abschmecken
Salz, Pfeffer
etwas Zitronensaft

Küchenzeit 50 Min.

Pfannkuchen **Amaranth** waschen, Wasser abgießen, in der doppelten Menge Salzwasser etwa 20 Minuten köcheln. Vom Herd nehmen. Quellen lassen.

In eine Schüssel die **Eier** aufschlagen und mixen. Im Wechsel **Mineralwasser, Milch, Mehl** und den **Amaranth** gleichmäßig einrühren. Mit **Salz** und **Muskat** abschmecken. Teig ruhen lassen.

Grüner Spargel Währenddessen **Spargelstangen** waschen und die harten Enden entfernen (sie können zu einer kleinen, feinen Suppe verarbeitet werden).

Pfannkuchen In eine Pfanne eine Nuss **Butter** geben und aus dem Teig 8 Pfannkuchen backen. Die fertigen Pfannkuchen auf einem Teller im Backofen warmhalten.

Grüner Spargel Die **Spargel** in einen großen Topf mit **Salzwasser** bissfest kochen. Abgießen. Spargel mit etwas **Butter, Salz, Pfeffer** und **Zitronensaft** würzen.

Servieren Jeweils 3 bis 4 Stangen Spargel in 1 Pfannkuchen rollen und auf einer Platte oder Tellern anrichten. Wer mag, reicht dazu zerlassene Butter.

Supergut zu wissen Kohlensäure und Amaranth machen diesen Pfannkuchen angenehm locker. Der ursprünglich südamerikanische AMARANTH wurde in Europa als Superfood bekannt wegen seines außergewöhnlich hohen Gehalts an essenziellen Aminosäuren, Calcium, Magnesium, Eisen und Zink. Zudem ist er glutenfrei. Inzwischen können Sie im Bioladen auch Amaranth aus deutschem Anbau erstehen. Säuglinge und Kleinkinder sollten keinen Amaranth erhalten, eventuell wird durch Gerbstoffe die Aufnahme von Nährstoffen behindert. Grundsätzlich gilt hier wie immer: Essen Sie vielfältig und in Maßen und lassen Sie es sich schmecken.

Spanier essen den SPARGEL grün, mit viel Chlorophyll und vitaminreicher als die weiße »deutsche« Variante. Mit der Zitrone geht er eine köstliche Geschmacksverbindung ein. Spargel entwässert hervorragend und Vorsicht! – er macht süchtig. Als Präbiotikum lässt er die »guten« Bakterien unseres Darms ein Freudenfest veranstalten.

MUSKATNUSS ist der Kern einer Frucht, ähnlich der Aprikose. Wenn sie rund und kugelig ist, soll sie am würzigsten sein. Sie kommt aus Westindien. Sie ist ein Gewürz, das mit Finger- bzw. Messerspitzengefühl verwendet wird; mit wenig davon erhält ein Gericht das rund-würzige Aroma und Magenfreundlichkeit.

Zuckerschoten zu Schupfnudeln

Knackig und weich zugleich

4 Portionen Schupfnudeln
12 mittelgroße Pellkartoffeln
2 Eier
1 Msp. Muskat
Salz
4 EL Dinkelmehl 1050

Gemüse
1 rote Zwiebel
optional 1 Zehe Knoblauch
etwas Olivenöl zum Anbraten
200 g kleine Champignons
250 g Zuckerschoten
1 Nuss Butter
Salz, Pfeffer
2 EL Petersilie, gehackt
2 EL Schnittlauch, gehackt

Küchenzeit 55 Min.
evtl. am Vortag 20 Min.
Zubereitung 35 Min.

Schupfnudeln Die **Kartoffeln** (eventuell am Vortag) kochen, abgießen und beiseite stellen. Für die Schupfnudeln Kartoffeln pellen, durch die Kartoffelpresse drücken oder zu einem feinen Püree stampfen.
2 **Eier** dazugeben, **Muskat, Salz** und **Dinkelmehl** untermischen. Die Masse wird ein zäher Teig. Mit einem Teelöffel eine gut kirschgroße Menge abstechen und mit nassen Händen zu kleinen Hörnchen rollen. Einen großen Topf **Wasser** aufsetzen, zum Kochen bringen und einen Teil der Nudeln vorsichtig hineingleiten lassen. Es sollten nicht mehr sein, als nebeneinander schwimmen können. Sobald sie an die Wasseroberfläche treiben, abschöpfen und in einem Nudelsieb trocknen lassen. So weiterverfahren, bis alle Schupfnudeln gekocht sind.

Gemüse Die **Zwiebel** in Streifen schneiden und in einer Pfanne mit wenig **Olivenöl** rösten, bei Bedarf gehackten Knoblauch zugeben. Die **Pilze** säubern, in mundgerechte Stücke schneiden und dazugeben. **Zuckerschoten** entspitzen und entstielen, eventuell in schräge Stücke schneiden. Zum Schluss dem Gemüse eine Nuss **Butter** zugeben und mit **Salz** und **Pfeffer** abschmecken.

Schupfnudeln Die Schupfnudeln ebenfalls in einer Pfanne mit wenig Butter kurz rösten, bis sie etwas gebräunt sind. Dann unter die Gemüsemischung geben. **Kräuter** unterheben und servieren.

Supergut zu wissen
Wenn KARTOFFELN die Möglichkeit haben, abzukühlen und zu ruhen, wandelt sich ein Teil der Kohlenhydrate in Stärke um und macht die Knolle fester. Die Klebkraft im Nudelteig wird damit erhöht. Mit diesem kleinen Geheimnis benötigen Sie für diesen leichten und doch gut gebundenen Teig relativ wenig Ei und Mehl.
CHAMPIGNONS bieten viele B-Vitamine, Vitamin E, eine Vorstufe von Vitamin D und Zink. In diesem Gericht sorgt der Pilz für eine herzhafte Grundnote und zusammen mit der knackigen Zuckerschote für angenehmen Biss.

Apfel-Löwenzahn-Tarte Tatin
»Upside down« gebacken

Für eine 24-cm-Pfanne

Teig
150 g Einkornmehl
30 g Rohrzucker
1 Prise Salz
75 g kalte Butter/
  Biomargarine
90 ml kaltes Wasser

Belag
3 Äpfel (z. B. Boskoop)
ca. 100 g Löwenzahnsirup
  oder Apfeldicksaft

Löwenzahnsirup
100 g Löwenzahnblüten
½ l Wasser
Saft von 1 Zitrone
500 g Rohrzucker

Topping
Löwenzahnblütenblättchen
auf dem Kuchen sehen nach
Frühling aus. Schmeckt gut
mit geschlagener Sahne.

Küchenzeit 100 Min.
Zubereitung 40 Min.
Warten 60 Minuten

Teig Den Teig aus **Mehl, Zucker, Salz** und kalten **Butterflöckchen** zügig zu einem bröckelig-lockeren Teig per Gabel oder Messer verarbeiten. Das **kalte Wasser** schnell untermengen. In einer Schüssel abgedeckt 40 Minuten kalt stellen.
Backofen auf 200 °C vorheizen.

Belag Die **Äpfel** schälen, entkernen und in Spalten schneiden. **Löwenzahnsirup** bodendeckend in die Pfanne geben und die Apfelspalten darin ziegelartig schichten. Auf kleiner Flamme erhitzen und die Äpfel 5 bis 7 Minuten fast weich kochen.

Teig Den kalten Teig in einer Springform in Pfannengröße auf Backpapier ausrollen. Einen kleinen Rand hochziehen. Die Pfanne mit dem **Apfel-Karamell** vom Herd nehmen. Springrand der Form entfernen und vorsichtig mithilfe des Backpapiers den Teig auf die Äpfel in der Pfanne legen. Der Kuchen wird jetzt »kopfüber« in der Pfanne im Ofen etwa 30 Minuten bei 200 °C gebacken. Nach kurzer Ruhezeit den Kuchen auf eine Platte vom Körper weg stürzen.

Topping Nach Belieben mit Schlagsahne und Blütenblättchen servieren.

Supergut zu wissen
Die Tarte Tatin ist wie vieles auf der Welt einem Missgeschick zu verdanken. Den Schwestern Tatin soll schlicht die Torte abgestürzt sein, und sie haben gerettet, was zu retten war, kopfüber. Wir kombinieren unsere Torte statt traditionell mit Calvados mit einem Spaziergang auf der Maienwiese und der Lust, dort die goldene Zutat für den LÖWENZAHNSIRUP zu pflücken.
Sogar die letzten ÄPFEL vom alten Jahr lassen sich in ein köstliches Dessert mit feinherbem Löwenzahnaroma verwandeln. Dabei versorgt das Einkornmehl mit Zink und Vitamin E.

Kiwi in weißem Traubensaft-Gelee
Schnelles Grün zum Winterende

4 Gläser Gelee
2 Kiwi
200 ml weißer Traubensaft
1 gestr. TL Agar-Agar

Topping
1 Klecks Joghurt /Sojajoghurt
Zitronenmelisse oder Minze
  zum Dekorieren

Küchenzeit etwa 40 Min.
Zubereitung 8 Min.
Kühlen 30 Min.

Gelee Die **Kiwis** schälen und quer in Scheiben schneiden. Den **Traubensaft** in einen Topf geben und **Agar-Agar** darin mit dem Schneebesen auflösen. Einmal kurz sprudelnd aufkochen. Das Gelee etwas abkühlen lassen. Dann in 4 schöne Gläser füllen. Die Kiwischeiben dazugeben und »sinken« lassen. Kalt werden und gelieren lassen.

Topping und Servieren Nach etwa 30 Minuten ist das Dessert mit dem Topping servierbereit.

Supergut zu wissen KIWI, die chinesische Stachelbeere, kann in gepflücktem Zustand noch nachreifen – am besten bei Zimmertemperatur. Kiwi kommt im Winterhalbjahr von der nördlichen Halbkugel. Das ist super, denn sie enthält reichlich Vitamin C. 2 bis 3 Kiwis decken bereits unseren Tagesbedarf. Weitere Vitamine von A und B1 bis 9, Ballaststoffe und Mineralien wie Calcium, Magnesium – gut für den Muskelstoffwechsel und gegen Krämpfe – sowie Kalium und Phosphor sorgen für ein Rundum-Paket. Das in der Fruchtsäure enthaltene eiweißspaltende Enzym Actinidin hilft bei der Verdauung. Allerdings scheint dieses Enzym auch für die Kiwiallergie bei manchen Menschen verantwortlich. Und wenn Kiwi länger mit einem Molkereiprodukt in Kontakt ist, wird sie durch dieses Enzym ganz schön bitter. Also, wenn Sie Joghurt oder Ähnliches dem Dessert zufügen, bitte zeitnah verzehren.
Der TRAUBENSAFT bringt genügend Süße mit, sodass Sie keinen weiteren Zucker benötigen. Diese steht in schönem Gegensatz zur Kiwisäure und macht den Nachtisch trotz seiner Schlichtheit interessant.

Veganer Pudding mit Rhabarber
Ost trifft West

4 Portionen Dessert

Rhabarberkompott
2 Stangen roter Rhabarber
2 – 3 EL Rohrzucker je nach
   Säure des Rhabarbers
etwas Vanille

Pudding
50 g Reismehl
1 Prise Salz
2 EL Gerstensirup oder Kokosblütenzucker
125 ml Reismilch
2 TL Sesamöl, geröstet
125 ml Kokosmilch

Topping
4 Mandelkekse, zerbröselt

Küchenzeit 20 Min.

Kompott **Rhabarber** waschen und Haut abziehen. In kleine Scheiben schneiden, mit dem **Zucker** und der **Vanille** überstreuen und in einem Topf ziehen lassen.

Pudding **Reismehl** mit **Salz**, **Gerstensirup**, **Reismilch** und **Öl** verrühren. **Kokosmilch** aufkochen, Reismilchbrei einrühren. Unter ständigem Weiterrühren ein paar Minuten köcheln, bis der Pudding eindickt. Vom Herd nehmen.

Kompott Den **Rhabarber** bei mittlerer Hitze köcheln lassen, bis die Stücke weich gekocht sind. Das Kompott etwas abkühlen lassen.

Topping und Servieren Das Kompott auf 4 Gläser verteilen. Den Reispudding darüber geben und kalt stellen. Zum Servieren können Sie mit **zerbröseltem Keks** Ihrem Dessert eine knusprige Note geben.

Supergut zu wissen KOKOSBLÜTENZUCKER punktet mit seinem niedrigen glykämischen Index. Man sagt ihm nach, dass die Insulinausschüttung nach seinem Verzehr wesentlich geringer ist als nach dem von üblichem Haushaltszucker. Die Ökobilanz von Kokosblütenzucker sieht allerdings weniger gut aus. Denn nach aufwendiger Verarbeitung muss er erst noch aus Asien hertransportiert werden. Vielleicht doch besser ein Zucker von hier? Wie wäre es, einmal GERSTENSIRUP zu probieren? Ihm werden bessere Noten als anderen raffinierten Zuckern ausgestellt, und er wird hier (oder in England) hergestellt durch Verkochen, also physisches und nicht chemisches Raffinieren. Wie alle frühen Gemüse im Jahr wirkt RHABARBER verdauungsfördernd. Roter Rhabarber ist milder als sein grüner Verwandter. Rhabarber liefert ein gutes Calcium-Phosphor-Verhältnis. Eisen und Zink, sogar Jod, Vitamin A, C und E und einige B-Vitamine erfreuen uns. Derzeit steht die Oxalsäure als Calciumräuber im Verdacht. Durch das Beifügen von milch- und calciumhaltigen Produkten (Mandelgebäck) könnte diese Eigenschaft der Oxalsäure gemildert werden. Bis Johanni (24. Juni) ist der Oxalsäuregehalt vertretbar, danach sollte man Rhabarber einfach nur wachsen lassen.

Erdbeer-Chia-Shake
Fluffiges Früchtchen

2 Gläser Shake
2 EL Chiasamen
12 EL Wasser
2 Handvoll Erdbeeren
400 ml Buttermilch/Hafer-
  milch
ggf. Agavendicksaft
optional 2 EL feine Haferflocken

Dekotipp
etwas Minze nach Geschmack

Küchenzeit 25 Min.
Zubereitung 5 Min.
Quellzeit 20 Min.

Shake Chia-Gel herstellen mit 2 EL **Samen** in 12 EL **Wasser**. Mindestens 20 Minuten quellen lassen.

Erdbeeren und **Milch** im Mixer pürieren und eventuell mit **Agavendicksaft** abschmecken. Das **Chia-Gel** zugeben, umrühren, fertig.

Tipp Wer die Glibberigkeit von Chia nicht mag, kann die Sämigkeit auch gut mit feinen **Haferflocken** erreichen. Die Haferflocken dürfen in diesem Fall im gemixten Drink quellen, geben Sie ihnen dafür etwas Zeit.

Variante Statt Erdbeeren eignen sich auch wunderbar **Himbeeren**, deren Kerne sich zwischen den Chiasamen fein verstecken können.

Supergut zu wissen

Buttermilch, Erdbeeren und Chiasamen, jeder der drei hat es in sich, aber die Kombination toppt noch einmal alles. BUTTERMILCH ist nicht, wie der Name vermuten lässt, so fett wie Butter, sondern quasi ihr Gegenpart. Das Fett hat die Butter abbekommen, aber das Calcium zur Osteoporosevorbeugung und einiges Eiweiß, das sättigend wirkt, sind in der Buttermilch geblieben. Weiter sorgen Milchsäurebakterien für ein gutes Darmklima. Ein toller, kalorienarmer Durstlöscher für Menschen, die Gewicht verlieren wollen, wenn – ja wenn sie nicht zur »Frucht«-Variante aus dem Supermarkt greifen. Hier nämlich wird mächtig Zucker zugesetzt.
Bei unserem Shake haben Sie es in Ihrer Hand: Meist sind reife ERDBEEREN ausreichend süß für einen runden Geschmack. Ohne weiteren Zuckerzusatz liefern die kalorienarmen Erdbeeren Ballaststoffe (Pektin, Zellulose), Vitamine (Folsäure), Spurenelemente (Zink, Kupfer) und sekundäre Pflanzenstoffe (Polyphenole), gut für eine Herz-Kreislauf-Stärkungen und fürs Anti-Aging. Pektin erhöht übrigens die Bioverfügbarkeit von Zink.
CHIASAMEN mit ihren essenziellen Fettsäuren, glutenfreien Proteinen, mit besonders viel Vitamin B3 und E, Calcium und Magnesium sorgen für ein Sättigungsgefühl und hinreichend Ballaststoffe. Wer nun das Eiweiß in der Buttermilch und Chia noch zum Muskelaufbau benutzt, indem er das Abnehmen mit Bodyshaping und Bewegung unterstützt, macht mit diesem Drink eine gute Figur.

Kekse mit grünem Sommergemüse
Salat im Knabberschälchen

4 bis 6 Kekse
50 g Dinkelmehl 1050
40 g Kamut-Vollkorngrieß
1 TL Salz
100 ml kochendes Wasser
1 – 2 EL Olivenöl

Sommergemüse
250 g Brokkoli
1 kleine Zucchini
4 Stangen grüner Spargel
1 Zehe Knoblauch
1 Handvoll junge Spinat-
blätter/Feldsalat

Vinaigrette
9 EL Weizenkeimöl
3 EL Zitronensaft
Salz, Pfeffer zum Abschmecken
9 Borretschblätter

Topping
125 g Quark
1 EL Kräuter der Saison
1 Spritzer Zitronensaft
1 TL Leinöl
Salz, Pfeffer zum Abschmecken
Schnittlauch zur Dekoration

Ganz-einfach-Tipp
Kekse am Vortag backen. Sie
sind auch einen Tag später
noch frisch und knusprig.

Partytipp
Salatschälchen als Partygag:
Sie liefern Kekse, Gemüse,
Dressing. Die Gäste befüllen
die Kekse selbst.

Küchenzeit 90 Min.
Zubereitung 45 Min.
Quellen 45 Min.

Kekse Dinkelmehl, Grieß und Salz in einer Schüssel mit kochendem Wasser zu einer gleichmäßigen Masse verrühren. **Olivenöl** dosiert zugeben. 45 Minuten quellen lassen. Backofen auf 150 °C Umluft vorheizen. Dem Teig gegebenenfalls etwas Mehl zufügen. Zwischen zwei **Backpapieren** 2 – 3 mm dünn ausrollen. Oberes Backpapier entfernen. Um essbare Salatschälchen zu erhalten, drücken Sie ein **feuerfestes Förmchen** kopfüber auf den ausgerollten Teig. Dann fahren Sie mit einem **Wellenrädchen** die Kontur nach und schneiden einen runden Teigling aus. Das Förmchen dient nun kopfüber auf dem Backblech, mit Backpapier bedeckt, beim Backen als Unterlage für den Teigling. Verarbeiten Sie den Teig vollständig in angegebener Weise.

30 Minuten bei 150 °C Umluft backen. Backpapier abziehen und das Gebäck abkühlen lassen.

Sommergemüse Geputzte **Brokkoli**röschen in einem Topf mit Einsatz bissfest dämpfen. Kalt abschrecken und abtropfen lassen. **Zucchini** in feine Scheiben, **Spargel** in mundgerechte Stücke schneiden. Eine Pfanne mit etwas **Olivenöl** und einer angeschnittenen **Knoblauchzehe** einreiben, Zucchini und Spargel darin kurz anrösten.

Vinaigrette Marinade aus **Öl, Zitronensaft, Salz** und **Pfeffer** in einem Glas anschütteln. Den **Borretsch** fein hacken, zugeben und ziehen lassen. Brokkoli, Zucchini und Spargel mit der Marinade anrühren.

Sommergemüse **Spinat** verlesen, waschen, trocknen. Kurz vor dem Servieren den mundgerecht gezupften Spinat unter das marinierte Gemüse heben und alles dekorativ in den essbaren Salatschälchen anrichten.

Topping Mit einem Klecks **Quark,** mit **Kräutern der Saison**, fein gehackt, mit wenig **Zitronensaft, Leinöl, Salz, Pfeffer** abgeschmeckt, und etwas **Schnittlauch** als Blickfang dekorieren.

Supergut zu wissen BORRETSCH, auch Gurkenkraut genannt, unterstreicht die grüne frische Note dieses Gemüsesalats. Als traditionelles Heilkraut fand er Verwendung zur Stimmungs-aufhellung, Verdauungsförderung, bei Nerven- und Hautleiden.

LEINÖL bringt weitere essenzielle Fettsäuren ins Spiel und gibt dem Kräuterquark eine herb-milde Geschmacksrichtung.

KAMUT ist ein wiederentdeckter Urweizen. Er schlägt heutigen Weizen locker mit höherem Eiweiß-gehalt, ungesättigten Fettsäuren und Mineralreichtum. Durch Verwendung von Grieß bleibt der Keks länger knusprig.

Coeur de Boeuf-Tomatensalat
Große Tomate in scharfer Begleitung

4 Portionen Tomatensalat
1 – 2 reife Ochsenherz-
tomaten (400 g)
1 – 2 scharfe Zwiebeln
Salz, Pfeffer
1 kleine scharfe Chilischote
oder 1 Msp. Cayennepfeffer
ggf. etwas Zitronensaft

Küchenzeit 15 Min.

Tomatensalat **Tomaten** – nach Belieben – in Würfel oder Scheiben schneiden, den Stielansatz entfernen. Die **Zwiebeln** halbieren und so fein wie nur möglich hobeln. Alles mit **Pfeffer, Salz** und dünn gehobelten **Chili**scheibchen oder **Cayennepfeffer** mischen und abschmecken. Gegebenenfalls mit einem Spritzer **Zitronensaft** abrunden. Sofort servieren und genießen.

Tipp Wunderbar geeignet zu Kartoffeln vom Blech, zu Gebratenem, Gegrilltem oder auch zu Bohnengemüse.

Supergut zu wissen

Für diesen Salat sind zwei Dinge äußerst wichtig: Erstens müssen die TOMATEN sehr reif, mild und süß sein. Zweitens wird die scharfe ZWIEBEL möglichst fein gehobelt, sollte aber immer noch knackig-fest sein. Wir haben uns hier für die große, herzförmige, karmesinrote »Coeur de Boeuf«-Fleischtomate entschieden, die mit ausgezeichnetem Geschmack punktet. Natürlich funktioniert das Rezept mit jeder anderen vollreifen Tomate. Inzwischen gibt es eine große Auswahl an attraktiven Züchtungen.

Die Tomate, reif vom Strauch gepflückt, liefert viele B-Vitamine, C und E sowie Mineralstoffe. Etwas Besonderes ist der rote Farbstoff, das Lycopin. Er gilt als Radikalfänger par excellence, man sagt ihm nach, Krebs und den Alterungsprozess zu mindern.

Ein so einfaches Rezept lebt von der Köstlichkeit seiner Zutaten. Die ZWIEBEL sollte erst kurz vor dem Servieren aufgeschnitten werden, denn ihre Senföl- und anderen ätherischen Aromen sind sehr flüchtig. Sie treiben uns Tränen in die Augen, aber verhelfen gemeinsam mit der Chili diesem Gericht zu einer appetitanregenden, frischen und stimulierenden Geschmacksintensität. CHILI, die rote Peperonischote, ist ein kleiner feuriger Muntermacher für den, der sie liebt. Ihre wärmende, manchmal schweißtreibende Wirkung unterstützt die Verdauung und verleiht im Hintergrund eine Schärfe, die den Eigengeschmack der Speise in der Regel nicht stört. Das hierfür verantwortliche Capsaicin wirkt desinfizierend und sogar fungizid.

Pikante Brokkoli-Pralinés
Wellness (auch) für die Party

40 Pralinés
250 g Brokkoli
2 Eier
100 ml Milch
100 g saure Sahne
2 – 3 EL Maismehl, fein
½ Tasse gehackte Petersilie
30 g Parmesan
Salz, Pfeffer nach Geschmack
1 Msp. Muskat

Partytipp
Als Mitbringsel abgekühlt und hübsch verpackt ein Blickfang auf jedem Buffet.

Küchenzeit 40 Min.

Pralinés 40 **Mini-Papierförmchen** auf einem Blech auslegen. Backofen vorheizen auf 180 °C Umluft. Eine Auflaufform mit Wasser, ca. 1 cm hoch, unten in den Ofen schieben.

Brokkoli waschen, Röschen vom Stiel lösen. Den Stiel schälen und grob raspeln. Mit den Röschen auf dem Dämpfeinsatz im Topf über Wasser dämpfen, bis sie fast bissfest sind. Anschließend sehr klein hacken und salzen.

Eier trennen. Eiweiß zur Seite stellen. Das Eigelb mit **Milch, Sahne** und **Maismehl** verrühren. **Brokkoli, Petersilie** und frisch geriebenen **Parmesan** zufügen und **würzen**. Eiweiß mit einer Prise **Salz** sehr steif schlagen und vorsichtig unterheben.

Die Gemüsemischung in die Mini-Förmchen füllen und ca. 20 Minuten backen. Den Ofen nicht öffnen, bevor die Eiermasse gestockt und leicht gebräunt ist. Schmeckt warm und kalt gut.

Supergut zu wissen
Ursprünglich stammt Blütenkohl wie BROKKOLI und BLUMENKOHL aus Kleinasien, findet sich aber seit dem 16. Jahrhundert in Südeuropa. Von Juni bis Oktober gibt es ihn inzwischen ebenso bei uns, wenn auch mit kleineren Köpfen. Brokkoli ist reich an Mineralstoffen wie Calcium, Kalium, Phosphor, Eisen und Zink. Weiter sind Vitamin C, E und B-Vitamine, unter anderem Folsäure für das Zellwachstum, enthalten. Einige der sekundären Pflanzenstoffe stehen im Ruf, krebshemmend zu wirken. Rundum ein schmackhaftes und ausgewogenes Gemüse. Um möglichst viele Vitamine und sekundäre Pflanzenstoffe zu erhalten, empfehlen wir zu dämpfen statt zu kochen.
Durch Zugabe von Gewürzen und Kräutern erhöht sich der Superfood-Status. PETERSILIE liefert besonders viel Eisen, zudem Vitamin A, C und B-Vitamine. Sie wirkt anregend auf die Unterleibsorgane Darm, Blase und Gebärmutter. In der Schwangerschaft also nur mäßig verwenden, ebenso bei Nierenproblemen.
Nicht unwichtig: Die Muffinform macht das Gemüse auch bei Kindern beliebt.

Kohlrabi-Carpaccio
Hauchzart mariniert

4 Portionen Carpaccio
1 mittelgroßer roter oder
   grüner Kohlrabi

Marinade
4 – 6 Kohlrabiblättchen
optional junge Rote-Bete-
   oder Mangoldblätter
3 EL Sonnenblumenöl
1 EL Kräuteressig
Salz, Pfeffer

Topping
½ TL Schwarzkümmel
4 Kohlrabiblättchen

Küchenzeit 8 Std. 15 Min.
Zubereitung 15 Min.
Marinieren 8 Std.

Carpaccio Den **Kohlrabi** schälen. Grüne oder rote junge Blätter waschen und zur Seite legen für die Marinade und eventuell als Dekoration (in ein feuchtes Tuch eingeschlagen im Kühlschrank frisch halten). Per Gemüsehobel Kohlrabi in hauchdünne Scheiben schneiden. 2 Minuten blanchieren, kalt abschrecken.

Marinade Grob gehacktes **Blattgrün, Sonnenblumenöl, Kräuteressig, Salz** und **Pfeffer** mixen. In einer Schüssel die **Kohlrabischeiben** damit übergießen und beidseitig benetzen. Etwa 8 Stunden ziehen lassen.

Topping Den **Kohlrabi** dekorativ auf einem Teller anrichten. **Schwarzkümmel** sehr kurz in einer Pfanne ohne Fett rösten und darüber streuen. Dekorieren Sie mit den übrigen frischen Blättchen.

Supergut zu wissen

KOHLRABI, die zarte Knolle in Hellgrün oder Rotviolett, steht uns etwa von Juni bis Oktober frisch zur Verfügung. Im November finden wir den Riesenschmelz auf den Bauernmärkten, eine gewaltige Knolle, die eine ganze Vegetationsperiode braucht, um dann dick und doch zart eine Großfamilie ernähren zu können (oder mehrere Mahlzeiten abdeckt, lässt sich blanchiert auch gut einfrieren). Kohl bietet uns immer ein großes Nährstoffspektrum: kalorienarm, aber reich an Kalium, Calcium, Phosphor, Magnesium und Eisen in einer guten Mischung, dazu Vitamine A, B1, B2, B3 und C. Erfreulich ist der Gehalt an Senfölglykosid, das Infektionen zurückdrängt, ob nun virus- oder bakterienbedingt, und gegen Pilze wirken soll.

Die BLÄTTER sind übrigens noch nährstoffhaltiger als die Knolle und die kleinen jungen schmecken sehr gut. Also bitte nicht wegwerfen, zumal sie ein Zeichen für die Frische des Kohlrabis sind.

Die Marinade aus Öl und Schwarzkümmel macht das Carpaccio so besonders. SCHWARZKÜMMEL hat in der islamischen Welt den Ruf, jede Krankheit außer den Tod zu heilen. Untersuchungen bestätigen, dass er das Immunsystem auf Trab bringt. Er wird gegen Haut- oder Autoimmunkrankheiten und in der Krebsnachsorge angewandt. Sein »feines« anregendes Aroma passt gut zur Frische der zarten Kohlknolle.

Schneller Melonen-Gazpacho
Kühle Suppe für heiße Tage

4 Gläser Gazpacho
½ Zwiebel
2 Zehen Knoblauch
½ kleine Salatgurke
2 Tomaten
1 rote Paprikaschote
1 kleine Dose geschälte
  Tomaten
2 halbe Scheiben Wasser-
  melone (etwa 2 cm dick)

Würzen und Variationen
4 EL Olivenöl
1 EL Knoblauchessig
Salz, Pfeffer, Cayennepfeffer
1 Spritzer Zitronensaft
optional Tomatenmark

Servieren
einige Blättchen Basilikum

Küchenzeit 50 Min.
Zubereitung 20 Min.
Kühlen 30 Min.

Gazpacho Zwiebel und **Knoblauch** abziehen und grob zerkleinern. Das **Gemüse** putzen und in kleine Stücke schneiden. Etwa eine Handvoll **Gurke, Tomate und Paprika** als Einlage für später beiseite legen. Die **Gemüsestücke, Zwiebel** und **Knoblauch** mit der **Dose Tomaten** im Mixer pürieren. Die **Wassermelone** halbieren und von einer Hälfte 2 Scheiben aus der Mitte schneiden. 1 Scheibe für die Dekoration zur Seite legen. Von der anderen Kerne und Schale entfernen und mitpürieren.

Würzen und Variationen Abschmecken mit **Olivenöl, Essig, Salz, Pfeffer** und **Cayennepfeffer** und einem Spritzer **Zitronensaft**. Wer es würziger mag, fügt noch **Tomatenmark** zu, wer es fruchtiger liebt, nimmt mehr Melonenfruchtfleisch. Kühl stellen.

Servieren In dekorative Gläser füllen, die kleinen Gemüsewürfel obenauf geben, Dreiecke aus der Wassermelonenscheibe an den Rand stecken und mit **Basilikum** garnieren.

Supergut zu wissen

Und wieder standen die Spanier Pate. Dort wird die SALATGURKE gerne durch die feinere Melone ersetzt. In diesem Rezept wollen wir alles: Wassermelone, Gurke, kaltes Salatgemüse – schon aufgeschlüsselt, sozusagen fertig zur Verdauung. Ein wunderbares Essen für einen trägen heißen Sommertag, wo wir jede Bewegung scheuen, auch die Kaubewegung.

Die Kraft für die Zubereitung muss sich aus der Vorfreude generieren, und der Mixer hilft dabei. Außer reichlich Wasser spendet die MELONE Vitamin C, B5 und den Farbstoff Lycopin, den sie mit der TOMATE gemein hat, ein zellen- und knochenschützendes Antioxidans. Weiteres Vitamin C kommt von der PAPRIKA, außerdem Jod, Selen und Vitamin E. Wir schöpfen auch bei den anderen Zutaten beste Nährwerte ab. Alles zusammen und mit einem guten Olivenöl gereicht kommt dieses Spektrum unserem Körper komplett zugute. Den kleinen Kunstfehler der Spanier, die Suppe abzuseihen und damit die wichtigen Ballaststoffe abzuwerfen, machen wir nicht!

Grünes Risotto
Wildes feines Risi-Bisi

8 Portionen Vorspeise
4 Portionen Hauptgericht
Risotto
750 ml Gemüsebrühe
1 gelbe Zwiebel
½ Bund Dill
3 Stängel Knoblauchrauke
   oder andere würzige Kräuter
2 Tomaten
200 g Erbsen (500 g Schoten)
1 Möhre
2 EL Sonnenblumenöl
280 g Risottoreis
280 ml Riesling, trocken
Salz, Pfeffer
1 Stich Butter/Biomargarine

Zubereitungstipp
Den Reis vor dem Kochen
nicht waschen. Die anhaften-
de Stärke macht das Risotto
cremig.

Küchenzeit 35 Min.

Risotto **Gemüsebrühe** erhitzen (Rezept Seite 50 bei Hirse-Bärlauch-Plätzchen).

Die **Zwiebel** fein würfeln und die **Kräuter** waschen, zupfen und klein hacken. Die **Tomaten** in kochendem Wasser kurz ziehen lassen, häuten, in kleine Stücke hacken und würzen. **Erbsen** und **Möhre** vorbereiten. Möhre in erbsengroße Würfel schneiden.

Die **Zwiebel** in **Öl** in einem Topf andünsten. Ab jetzt wird ständig gerührt: Den **Reis** zufügen und glasig dünsten. Den **Weißwein** langsam zugießen und köcheln lassen. **Möhre** und **Erbsen** dazugeben. Wenn die Flüssigkeit verdunstet ist, etwas kochend heiße **Gemüsebrühe** zugießen, nach und nach, bis sie aufgebraucht ist. Dieser Vorgang dauert 15 bis 20 Minuten. Die frischen **Kräuter** zufügen, **salzen** und **pfeffern** nach Geschmack. Zum Schluss 1 Stich **Butter** unterziehen.

Servieren Um das Risotto schön anzurichten, legen Sie einen Dessertring in der gewünschten Größe auf eine glatte Unterlage. Das Risotto einfüllen, etwas verdichten und mit einem Pfannenwender vorsichtig auf jeden Teller heben. Anrichten mit den Tomatenstückchen.

Supergut zu wissen

RISOTTO ist die italienische Art, Reis zuzubereiten. Die Sorten dafür werden auch dort angebaut: Arborio, Carnaroli und Vialone. Ihr Kern bleibt »al dente«, aber die Gesamttextur ist cremig-weich. REIS bietet hauptsächlich Kohlenhydrate und wenig Fett. Die Kombination mit Gemüse und das Toppen mit frischen Kräutern machen aus Risotto ein Superfood mit Sattmachereffekt.

Die ERBSEN liefern Eiweiß satt. Selbst gepult, am besten mit Freunden, sind die Erbsen in Nullkommanichts hülsenfrei zum Kochen bereit. Und nährstoffhaltiger als ihre gefrorenen Brüder. Erbsen sind reich bestückt mit Vitaminen und Mineralstoffen. Auffallend ist der Vitamin-K-Wert, der annähernd den Tagesbedarf deckt.

Die KNOBLAUCHRAUKE ist ein ziemlich häufig vorkommendes Kraut mit leisem Knoblauchanklang. Wer sich für Wildkräuter interessiert, sollte unbedingt einen Kurs belegen, um Kräuter und ihre Eigenheiten besser kennenzulernen.

Auberginen-Tomaten-Auflauf

Ein attraktiver Fächer

4 Portionen Auflauf
4 kleinere Auberginen
4 große reife Tomaten oder
  1 große Dose geschälte
  Tomaten
1 – 2 rote Zwiebeln
250 g Mozzarella/
  200 g Seidentofu

Sauce
2 Zehen Knoblauch
8 Blätter Basilikum
4 – 5 EL Olivenöl
Salz, Pfeffer

Flexi-Veggi-Tipp
Heute Lust auf Fleisch? Dann
je 1 Scheibe Bio-Serrano-
schinken in die Fächerlücken
dazugeben.

Küchenzeit 55 Min.
Zubereitung 15 Min.
Backen 40 Min.

Backofen vorheizen auf 200 °C.

Auflauf Auberginen waschen, den Stiel nicht entfernen, sondern die Frucht fächerförmig aufschneiden und in einer Auflaufform anrichten. **Tomaten, Zwiebel** und **Mozzarella** in Scheiben schneiden. Die Auberginen so auffächern, dass die »Lücken« des Fächers zu belegen sind: mit den Tomaten (oder den abgetropften, in Scheiben geschnittenen Dosentomaten), Zwiebeln und Mozzarella alternierend.

Sauce Aus dem gepressten **Knoblauch**, dem klein gehackten **Basilikum, Öl, Salz** und **Pfeffer** eine Sauce rühren, abschmecken und über die gefüllten Auberginen gießen.

Im Ofen etwa 45 Minuten bei 200 °C backen, bis die Aubergine gar ist. Mit Reis wird daraus ein sättigendes Hauptgericht.

Superfood-Extra Aus der übrig gebliebenen Tomatensauce der Dose können Sie mit Kräutern (je 1 Prise Thymian, Oregano, Majoran) und etwas Olivenöl, Salz, Pfeffer und Cayennepfeffer einen feinen Aperitif mixen.

Supergut zu wissen

Zugegeben: Hiesige AUBERGINEN sind eher kleinwüchsig oder aus dem Gewächshaus. Eine stattliche Outdoor-Aubergine kommt von weiter aus dem Süden. Dennoch wollen wir auf dieses köstliche Rezept nicht verzichten. Aubergine ist neben Pilzen für den Gaumen ein herrlicher Fleisch-Ersatz, TOMATE gibt noch Superfood-Touch, Farbstoffe und passenden Geschmack dazu.

Die Aubergine, wie die Tomate die Frucht eines Nachtschattengewächses, hat wenig Protein, ist also schön kalorienarm. Weshalb wir sie unbedingt dabei haben wollen, liegt an ihrem Vitamin-K-Gehalt (und Spuren von Vitamin E) und dessen blutgerinnungsregulierender Wirkung. Vitamin K begegnet uns übrigens schon direkt nach der Geburt: Noch heute wird es jedem Neugeborenen präventiv verabreicht. Die meisten Quellen attestieren der Eierfrucht außerdem beachtenswerte Mengen an Zink, Kalium und sogar Jod. Und lecker ist sie auch noch. Da greifen wir zu!

Zucchini-Tagliatelle mit Pesto
Leicht und gesättigt in den Nachmittag

4 Portionen Gemüsepasta
400 g Tagliatelle
300 g junge Zucchini
1 EL Olivenöl zum Anbraten
evtl. 1 EL mildes Olivenöl
Salz, Pfeffer
1 Spritzer Zitronensaft
4 – 8 Kirschtomaten
60 g Parmesan

Basilikumpesto
für etwa 1 Schraubglas
2 Zehen Knoblauch
1 TL Salz
Pfeffer nach Geschmack
2 Bund Basilikum
50 g Pinienkerne
80 g Parmesan
etwa 50 ml Olivenöl

Vorratstipp
Mit etwas Olivenöl bedeckt
hält das Pesto im Kühlschrank
etwa 5 Tage.

Küchenzeit 35 Min.

Die **Nudeln** nach Packungsanweisung kochen.

Gemüsepasta Währenddessen die **Zucchini** waschen und trocknen. Dann mit dem Spiralschneider oder Sparschäler in nudeldünne Streifen schneiden. In 1 EL **Olivenöl** in der Pfanne rösten, bis sie eine Konsistenz wie die fertigen Nudeln haben. **Salzen** und **pfeffern**. Mit etwas **Zitronensaft** beträufeln.

Die **Tagliatelle** abgießen und eventuell mit 1 EL leichtem **Olivenöl** in eine angewärmte Schüssel geben. Die Zucchini mit ihrem Sud dazutun und vermischen. Halbierte **Kirschtomaten**, kurz mit den Zucchini geschmort, sorgen für rote Farbtupfer im Essen. **Basilikumpesto** und frisch geriebenen **Parmesan** dazureichen.

Pesto **Knoblauchzehen** abziehen, klein schneiden. Mit **Salz** und etwas **Pfeffer** mit einem Mörser oder Esslöffel in einer kleinen Schüssel zu einer Paste zerdrücken. **Basilikum** waschen, trocknen und Stiele entfernen. **Basilikumblätter, Pinienkerne, Parmesan** und die **Knoblauchpaste** in den Mixer geben. Erst mit weniger **Olivenöl**, dann vorsichtig mehr mit kurzen Impulsen zu einer homogenen Masse pürieren. Abschmecken mit Pfeffer und eventuell noch Salz.

Supergut zu wissen BASILIKUM wächst bei uns zwar auch im Freiland, aber Regen von oben ist nicht seine Sache. Erfolgreicher als die zarten Weichlinge aus dem Supermarkt zu hegen ist der Selbstanbau aus Saatgut auf der Fensterbank. Nach etwa 3 Wochen können Sie bei guter Pflege schon ernten. Und zwar die unteren Blätter, sodass die Sprosse oben weiterwachsen können.

Basilikum bietet Vitamin A und sekundäre Pflanzenstoffe mit seinen ätherischen Ölen. Man sagt ihm entwurmende und entzündungshemmende Eigenschaften nach, Letzteres auch bei Magengeschwüren. Gegen Appetitlosigkeit und bei Menstruations- oder Wechseljahresbeschwerden soll er ebenso helfen. Ein Selbstversuch mit einem leckeren Pesto kann nicht schaden.

ZUCCHINI versorgen bei wenig Kalorien mit Kalium, Calcium, Phosphor, Eisen, Vitamin A und C. Wie auch andere Kürbisgewächse schmecken sie neutral bis süß.

Emmer-Flammkuchen

mit sommerreifen Tomaten

4 Portionen Flammkuchen
250 g Emmer-Vollkornmehl
   oder Dinkelmehl 1050
2 TL Backpulver
½ TL Salz
150 g Magerquark
5 EL Milch
5 EL Olivenöl

Belag
1 große rote Zwiebel
1 EL Olivenöl
3 Tomaten
8 grüne Oliven
4 eingelegte Peperoni
3 EL Mandeln
1 EL Bohnenkraut
Pfeffer, Meersalz nach
   Geschmack

**Bohnencreme
(500 ml Vorrat)**
100 g getrocknete weiße
   Bohnen
50 ml Kochwasser, aufgefan-
   gen
3 EL Kräuteressig
1 TL Salz
Pfeffer, Cayennepfeffer
2 EL Olivenöl
1 Msp. Ingwer, fein gerieben
1 Msp. Biozitronenabrieb
1 EL Zitronensaft

Schneller Tipp
statt Bohnencreme Schmand
auf den Teig

Küchenzeit
Zubereitung ca. 50 Min.
ohne Bohnencreme

Flammkuchen **Mehl, Backpulver** und **Salz** mischen und in einer Schüssel mit dem **Quark, Milch** und **Olivenöl** verrühren. 30 Minuten abgedeckt ruhen lassen.

Ofen vorheizen auf 200 °C Umluft.

Den Teig in 4 gleichgroße Portionen teilen und zu Fladen ausrollen. Auf Backpapier auf 1 bis 2 Backblechen verteilen. 15 Minuten bei 200 °C Umluft backen.

Belag Währenddessen **Zwiebel** in halbe Ringe schneiden. In einer Pfanne mit wenig **Olivenöl** rösten. Zur Seite stellen. **Tomaten** in dünne Scheiben und **Oliven** sowie **Peperoni** in kleine Ringe schneiden. **Mandeln** und **Bohnenkraut** klein hacken. Ohne Fett mit **Meersalz** in der Pfanne rösten, dann **pfeffern**.

Bohnencreme auf die leicht abgekühlten Fladen streichen. Das **Gemüse** darauf verteilen und mit der **Mandel-Kräuter-Mischung** bestreuen. Kurz unter Beobachtung unter den heißen Grill stellen.

Bohnencreme Die **Bohnen** 24 Stunden einweichen und ca. 1 bis 2 Stunden (je nach Bohnengröße) in Wasser bei mittlerer Hitze kochen. Gut **50 ml Kochwasser** auffangen und beiseite stellen. Wer diesen Aufwand scheut, kauft eine kleine Dose weiße Bohnen ohne weitere Zutaten, höchstens mit Salz.

Die gekochten **Bohnen** mit den restlichen **Zutaten** verrühren und alles fein mixen. Je nach Konsistenz Kochwasser zufügen. Noch einmal abschmecken. Hält sich gekühlt etwa 3 Tage.

Tipp Die neutrale Bohnencreme lässt sich geschmacklich variieren: im Frühling mit marinierten Wildkräutern, im Herbst mit gerösteten Zwiebeln, mit Sprossen im Winter. Dabei ist eines immer wichtig: Die milde Bohnencreme braucht Pepp.

Supergut zu wissen EMMER ist eine wiederentdeckte alte Weizensorte mit gutem Ruf: Er enthält reichlich Aminosäuren. Sein Mineralstoffgehalt ist nahezu doppelt so hoch wie bei gewöhnlichem Weizen, er ist der Garant für seinen nussigen Geschmack.

Weiße Bohnen und Emmer zusammen liefern das benötigte Eiweißspektrum.

Sommerliches Gersten-Tabouleh
Heimisch und arabisch

4 Portionen Tabouleh
1 Tasse Gersten-»Bulgur«
   (z. B. Kornfix von Bauck)
2 Tassen Wasser
2 – 3 Tomaten
4 Frühlingszwiebeln
½ Salatgurke
1 grüne, rote oder gelbe
   Paprikaschote
1 – 2 Zehen Knoblauch
½ Bund Petersilie
½ Bund Koriander oder Minze

Marinade
5 EL Olivenöl
Saft, Zesten von 1 Biozitrone
Salz, Pfeffer
1 TL Kräuteressig

Küchenzeit 20 Min.

Tabouleh Gersten-»**Bulgur**« in 2 Tassen **Wasser** laut Packungsanweisung kochen. Abkühlen lassen.

Die **Salatgemüse** sehr klein schneiden, **Knoblauch** in dünne Scheibchen schneiden, **Kräuter** sehr fein hacken und in eine Schüssel geben.

Marinade **Öl**, **Saft** und **Zesten** der **Biozitrone** und die **Gewürze** verrühren, über das Tabouleh geben und alles gut miteinander vermischen. Mindestens 1 Stunde kalt stellen und durchziehen lassen. Vor dem Servieren mit **Kräuteressig** abschmecken.

Tipp Wer **Koriander** nicht mag, nimmt einfach **Minze** stattdessen – und begibt sich in eine orientalische Geschmacksrichtung.

Supergut zu wissen TABOULEH ist das arabische Wort für einen nahrhaften Salat mit
Getreide, der rund ums Mittelmeer zubereitet wird. Statt Bulgur aus Weizen verwenden wir Gerste, die die angestrebte Nahrungsvielfalt bereichert mit ihrem würzigen Geschmack, ihrem geringen Glutengehalt und mit ihren ausgeglichenen Nährstoffen. Mit dem Salatgemüse, den Kräutern und dem Öl-Zitronen-Dressing trifft sich eine gute Gesellschaft zur Feier unserer Gesundheit.
KORIANDER ist nicht jedermanns Sache, aber vielleicht mögen Sie ihn ja wie wir, denn in seinen ätherischen Ölen lässt sich viel Gutes finden: Wie Fenchel, Anis und Kümmel gilt er als appetitanregend, verdauungsregulierend und als Vitamin-A-Spender. Forscher versuchen derzeit, seine antibiotische Wirkung nachzuweisen. Er kommt übrigens als Samen in nahezu jeder Currymischung vor. Im arabischen Raum gehört er in viele frische Gerichte, und hat man ihn erst einmal für sich entdeckt, findet sich regelmäßig ein Sträußchen im Einkaufskorb.
MINZE mit ihren ätherischen Ölen frischt wie kaum ein anderes Kraut jede Speise auf und wächst bis wuchert gerne bei uns. Im Süden des Mittelmeeres werden ihre zahlreichen Züchtungen von der kräftigen marokkanischen Minze bis zur fruchtigen Ananasminze von süß bis pikant eingesetzt.

Fenchel mit Veggie-Geschnetzeltem
Schälchen mit Sti(e)l

4 Portionen Veggie-Geschnetzeltes
25 g Sojageschnetzeltes, getrocknet
100 ml Gemüsebrühe (DIY S. 50)
1 Zwiebel
2 – 3 EL Pflanzenöl

Fenchel
4 Fenchelknollen mit Grün
50 ml Weißwein oder Wasser

Kartoffelpüree
4 mittelgroße Kartoffeln
30 ml Milch/Mandelmilch
1 EL Butter/Biomargarine
etwas Dämpfflüssigkeit
Salz, Pfeffer

Küchenzeit 50 Min.

Veggie-Geschnetzeltes Das **Sojageschnetzelte** laut Packungsanweisung in Brühe 20 Minuten quellen lassen.

Fenchel Die **Fenchelknollen** längs halbieren, das Wurzelherz keilartig ausschneiden und je 2 Außen-»Blätter« der Knolle übrig lassen. Das Innere herauslösen und in kleine Würfel schneiden. Das Grün beiseite legen.
Die Fenchelhälften über Dampf in einem Topf etwa 5 Minuten blanchieren. So sind sie noch knackig und gut zu füllen. In eine Auflaufform legen.

Kartoffelpüree Die **Kartoffeln** schälen, achteln und über Dampf garen. Mit **Milch, Butter** und etwas **Dämpfflüssigkeit** pürieren. Mit **Salz** und **Pfeffer** abschmecken.
Backofen vorheizen auf 200 °C.

Veggie-Geschnetzeltes Die **Zwiebel** abziehen und klein würfeln. In einer Pfanne mit wenig **Pflanzenöl** goldbraun rösten. Das **Sojageschnetzelte** ausdrücken und klein hacken. Zu den Zwiebeln in die Pfanne geben und scharf anbraten, dabei gut rühren, eventuell ein wenig weiteres **Öl** zufügen. Zur Seite stellen.

Fenchel Die »inneren« **Fenchelwürfel** in etwas Öl in der Pfanne anrösten. Kartoffelbrei, Fenchelwürfel und die Sojamischung zusammengeben und verrühren. Abschmecken mit Salz und Pfeffer.
Die Fenchelhälften mit der Gemüse-Soja-Mischung füllen. Den Weißwein in die Auflaufform geben und alles 20 Minuten im Ofen backen.

Servieren Das **Fenchelgrün** klein hacken und das Gericht damit dekorieren.

Supergut zu wissen Bei FENCHEL unterscheidet man zwischen BITTERFENCHEL (den Samen), dessen Wirkung als Bauchwehtee hinlänglich bekannt ist, und SÜSSFENCHEL, diesem wunderbaren Gemüse mit reichlich Kalium, Zink und Kieselsäure für Haare und Bindegewebe. Sein ätherisches Öl erinnert an die Verwandtschaft zu Anis und schmeckt köstlich erfrischend. In kurz gedünstetem Zustand wie in diesem Rezept bleibt die Knolle knackig und erfreut beim Kauen. Das kalorienarme Gemüse bietet ein rundes Spektrum an B-Vitaminen, Provitamin A und Vitamin C. SOJAHACK spielt seine Rolle als Hackfleisch-Ersatz herzhaft und sorgt für Proteine. Und das ganz ohne BSE oder Dioxin und Antibiotika, vorausgesetzt, Sie kaufen fermentiertes Biosojahack oder -geschnetzeltes.

Die KARTOFFEL bringt uns die nötigen Kohlenhydrate. Alles zusammen ein ausgewogenes Superfood, das innovativ und lecker schmeckt.

Saftiger Süßkartoffel-Brownie
Light-Version mit saurem Kick

**1 Auflaufform
(ca. 20 x 30 cm)**
600 g Süßkartoffeln
10 – 12 Datteln ohne Kerne
optional 1 EL Berberitzen
1 Msp. Ingwer, gerieben
200 g Mandelmehl, fein
3 geh. EL Kakao
ca. 350 g frische Sauerkirschen

Superfood-Extra
Die Brownies funktionieren
mit allen Beeren durchs Jahr,
z. B. frischen Johannisbeeren
in Schwarz und Rot. Oder im
Winter mit Granatapfelkernen.
Sehr saure Beeren mit etwas
Rohrzucker ziehen lassen, sie
brauchen mehr Süße.

Küchenzeit 70 Min.
Zubereitung 40 Min.
Ruhen 30 Min.

Brownie-Teig **Süßkartoffeln** schälen und in kleine Stücke schneiden. In 15 bis 20 Minuten weich dämpfen. Fein stampfen.

Datteln (harte Datteln über Nacht einweichen) und gegebenenfalls **Berberitzenfrüchte** sehr klein hacken. Mit dem **Ingwer** unter das Püree ziehen.

Mandelmehl und **Kakao** mischen und unter die Masse rühren. Teig abgedeckt 30 Minuten ruhen lassen.

Ofen vorheizen auf 180 °C.

²/₃ der **Sauerkirschen** waschen und entkernen. Die restlichen als Dekoration zur Seite legen. Die Kirschen vorsichtig unter den Teig heben. In eine Auflaufform füllen. Bei ca. 180 °C 20 Minuten backen, bis es duftet. Abkühlen lassen.

Servieren In kleine Karrees schneiden und mit den Kirschen schön anrichten. Die Brownies halten sich etwa 3 Tage im Kühlschrank.

Supergut zu wissen

In diesem Rezept verzichten wir auf die eindimensionale Süßnote von Industriezucker. Die Süßkartoffel zusammen mit der Dattel bildet eine weiche Grundsüße, in der die süß-saure Kirsche für eine gelungene Überraschung sorgt.

SÜSSKARTOFFEL steht das ganze Jahr zum Verkauf. Trotz ihrer eher weiten Anreise aus Südeuropa, Israel und den USA hat sie uns überzeugt mit ihren hohen Nährwerten wie Vitamin A, K, E, vielen B-Vitaminen und jeder Menge Mineralien und Spurenelementen. Ihre Konsistenz und milde Süße liefern einen interessanten lockeren, saftigen Teig ohne Gluten.

Die SAUERKIRSCHE steht im Ruf, die Risikofaktoren der westlichen Zivilisation – hoher Blutdruck, hoher Blutzucker und Fettstoffwechselstörungen – zu entschärfen. Derzeit arbeiten Forscher an Studien über die Wirkung der Anthocyane der Sauerkirsche zusammen mit essenziellen Fettsäuren bei Alzheimer. In diesem Rezept soll sie sich ein wenig wie in der guten alten Schwarzwälder Kirschtorte benehmen.

Walnuss-Aprikosen-Torte
Biskuit - ganz einfach - super

1 Torte (26 cm)

Biskuitteig
3 Eier
2 EL Wasser
75 g Rohrzucker
etwas Vanille
100 g Dinkelmehl 1050
50 g Walnüsse, gemahlen
1 TL Backpulver
1 mittelfein geriebene Möhre
5 Aprikosen, entkernt
  (evtl. getrocknet, dann nur
  50 g Rohrzucker)
50 g Schokolade

Füllung und Deko
300 g Schlagsahne

Variante
Ersetzen Sie die Aprikose
durch die heimische Stachelbeere.

Küchenzeit 40 Min.
Zubereitung 15 Min.
Backen 25 Min.

Backofen auf 160 °C Umluft vorheizen.

Biskuitteig **Eier** mit **Wasser** mindestens 1 Minute auf höchster Stufe sehr schaumig mixen. **Zucker** mit **Vanille** mischen und zugeben. 2 weitere Minuten stark mixen. Sie haben jetzt eine Biskuitmasse. Ab jetzt wird vorsichtig bei niedrigster Stufe untergehoben: **Mehl**, gemischt mit gemahlenen **Walnüssen** und dem **Backpulver**, dann die geriebene **Möhre**, die klein geschnittenen **Aprikosen** und gehackten **Schokostückchen**.
In eine mit Backpapier ausgelegte Springform geben (Rand nicht einfetten) und bei 160 °C etwa 25 Minuten backen (Stäbchentest). Gleich nach dem Herausholen den Rand mit einem Messer lösen. Die Torte auf ein Kuchengitter stürzen. Backpapier entfernen und die Torte auskühlen lassen. Den Boden einmal quer schneiden. Mit einem scharfen Messer etwa 2 cm tief rundum schneiden. Dann Eisengarn, in die Ritze gelegt, über Kreuz durch die Torte ziehen, die Hälften trennen und die obere vorsichtig zur Seite legen.

Füllung und Deko **Sahne** steif schlagen. Den unteren Tortenboden mit etwa der Hälfte bedecken. Den oberen Boden darauf legen. Oberen Boden mit Sahne bestreichen. Mit **Aprikosenstückchen** dekorieren.

Supergut zu wissen

Dieser Biskuit gelingt garantiert. Locker und nussig überrascht er mit seiner feinen elastischen Struktur. Sie ist dem Nussmehl und der ungewöhnlichen Art, mit den Eiern umzugehen, geschuldet. Diese Torte schmeckt nicht nur lecker, sondern ist obendrein auch noch gesund, weil das hitzeresistente Vitamin E der NUSS der Hirnleistungsfähigkeit dient.
Diabetiker schätzen die APRIKOSE, denn ihr Fruktosegehalt ist gering, ihr Gehalt an Vitaminen und Mineralien dagegen ein wahres Feuerwerk. Ihre Farbstoffe stehen im Ruf, krebshemmend zu wirken. Das gilt für frische wie getrocknete Früchte gleichermaßen. Beim Kauf unbedingt auf ungeschwefelte getrocknete Bioaprikosen achten.

Blaue Beere und weiße Creme
»Blaubeermund – Kind gesund«

Blaubeermus **Blaubeeren** waschen, einige Beeren zum Dekorieren beiseite legen. Die Blaubeeren im Mixer pürieren, gegebenenfalls süßen.

Creme **Schichtkäse, Joghurt, Vanille** und **Agavendicksaft** glatt rühren, eventuell kurz mixen.

Servieren 4 schöne Gläser vorbereiten. **Blaubeermus** und die weiße **Creme** im Wechsel schichten. Gegebenenfalls mit einer Gabel vorsichtig das Beerenmus und die Creme dekorativ verrühren. Mit den restlichen Blaubeeren und den grünen **Minzeblättchen** garnieren und gekühlt servieren.

4 Portionen Creme
250 g Blaubeeren
300 g Schichtkäse (20 %) oder
  Quark
300 g stichfester Joghurt (3,5 %)
etwas Vanille
ca. 4 EL Agavendicksaft
  (je nach Süße der Beeren)
8 Blättchen Zitronenmelisse

Vegane Variante
600 g Seidentofu
etwas Biozitronenabrieb
Kokosblütenzucker nach
  Geschmack

Küchenzeit 10 Min.

Supergut zu wissen
Die Vitamin-C-reiche BLAUBEERE gilt als die heimische Frucht mit extrem vielen Antioxidanzien. Aufgrund ihrer Anthocyane (Farbstoffe) scheint sie wachstumshemmend bei Krebs zu wirken. Blaubeeren greifen regulierend ein sowohl bei Durchfall als auch bei Verstopfung. Überhaupt freut sich das Verdauungssystem. Der enthaltene Ballaststoff Pektin schützt die Darmwände, bindet Wasser und soll eine Ausscheidung von Schwermetallen fördern. Ausgereifte Beeren wirken einer Übersäuerung des Organismus entgegen. Die fettlöslichen Vitamine A und E können mithilfe des fetthaltigen Quarks gut aufgenommen werden.
Reife Blaubeeren haben ein ausgewogenes Süße-Säure-Verhältnis. Das macht sie so bekömmlich und spart den Zucker – ein weiterer Grund für ihre Superqualität.

Holunder-Sangria
Spanische Freundschaft

Etwa 8 Gläser
1 Biozitrone
2 Bio-Orangen
0,7 l Holundersaft
0,7 l trockener Rotwein oder
 roter Traubensaft
Obst der Saison (z. B. 1 Apfel,
 1 Birne, Weintrauben)
optional ½ Vanillestange
optional 1 Prise Chili
Rohrzucker nach Geschmack
optional einige Minzeblätter

Varianten
Je nach Jahreszeit Erdbeeren
im frühen Sommer, Pfirsich,
Aprikose, Melone …

Küchenzeit
Zubereitung 15 Min.
Kühlung über Nacht

Sangria **Zitrone** und **Orangen** waschen. Die Zitrone halbieren, eine Hälfte in Scheiben schneiden, die Kerne dabei entfernen, die andere Hälfte entsaften. 1 Orange halbieren und in Scheiben schneiden, die andere entsaften. Alles zu dem **Holundersaft** und **Rotwein/Traubensaft** in ein gläsernes Gefäß geben. **Obst der Saison** klein schneiden, mit den gewünschten **Gewürzen** zugeben. Das Obst-Wein/Saft-Gemisch nach Geschmack mit **Rohrzucker** süßen. Im Kühlschrank über Nacht abgedeckt ziehen lassen.

Tipp Besonders erfrischend kommt die spanische Bowle daher, wenn Sie **Minze-Icecubes** dazugeben. Vorzubereiten am Abend davor im Eisfach mit je 1 **Minzeblättchen** in jedem Cube.

Winterpunsch Mit dem **Holundersaft** als Grundlage schmeckt die Sangria auch heiß als Punsch. Die Bowle langsam auf die gewünschte Temperatur erhitzen, nicht kochen.

Supergut zu wissen

Die spanische Bowle inspirierte mit der roten Farbe und dem exotischen Namen zu dieser heimischen Version. Für Erwachsene mit Alkohol oder auch ohne.
HOLUNDER steht den zwei ausgewiesenen Superfoods Acai und Aronia in Sachen Nährstoffe in nichts nach, schmeckt aber besser. Da Holunderbeeren nicht roh zu verzehren sind, ist (Ein-)Kochen Pflicht. Wunderbar! So konservieren wir für jede Jahreszeit den Reichtum an Anthocyanen. Sie gelten als cholesterinsenkend und antioxidativ. Holunder stärkt das Immunsystem. Im Norden ist die Fliederbeersuppe als Mittel gegen fiebrige Erkältungen altbewährt. Ein weiteres Highlight bietet der HOLLERBUSCH im Frühjahr. Aus seinen Blüten lässt sich Köstliches zaubern, von Holunderblütengelee bis zu Holunder-Hugo oder Schwitztee bei beginnender Erkältung.

Bunter Bürosalat mit Rotkohl
Pause mit Regenbogen

1 Glas Bürosalat
2 EL superfein gehobelter Rotkohl
3 Kirschtomaten
je ¼ grüne und rote Paprika
2 EL Maiskörner
2 Pflänzchen Feldsalat

Leichte Vinaigrette
1 EL Zitronensaft
3 EL Sonnenblumenöl
1 EL frische Kräuter der Saison, gehackt
Salz, Pfeffer nach Geschmack

Genusstipp
Kosten Sie Ihre Mittagspause aus und richten Sie Ihren Salat dekorativ auf einem Teller an, am besten für Ihre Kollegen gleich mit …

Küchenzeit 15 Min.

Für Ihren Wochenbedarf können Sie 5 Portionen **Rotkohl** vorbereiten.

Rotkohl Ein Viertel eines kleinen Rotkohls sehr fein hobeln, mit sauberen Händen mit 1 TL **Salz** verkneten. Abgedeckt in den Kühlschrank stellen.

Bürosalat In ein Marmeladenglas zuunterst die geviertelten **Kirschtomaten** geben. Es folgen klein geschnitten: **rote Paprikawürfel, Mais, grüne Paprikawürfel** und dann der **Rotkohl**. Obenauf liegt der **Feldsalat**.

Vinaigrette Sie lässt sich am besten auch in einem kleinen Schraubglas transportieren. So kann man sie durch Schütteln vor dem »Dressen« nochmals gut emulgieren.

Variationen Bürosalat für jede Jahreszeit – lediglich Zusammensetzung und Farbgebung ändern sich. Zum Beispiel im Frühling Baby-Leaf-Salat und Radieschen, garniert mit einem Gänseblümchen. Im Sommer locken Tomate, Zucchini, Pflücksalat und Zuckerschote. Der Herbst bietet Rote Bete, Spinat, Birne und Walnuss. Im Winter kann ein Möhren-Apfel-Rettich-Raspelsalat oder Fenchel erfreuen.

Supergut zu wissen
MAIS bietet Phosphor, Calcium, ebenso Kalium, Magnesium und Eisen – weiter das Provitamin A, Vitamine B1, B2, B3, B6 und C. Der Zuckergehalt, den besonders die Kinder lieben, ist direkt nach der Ernte am höchsten, danach wird er in Stärke umgewandelt. Zum Brotbacken eignet er sich nicht, denn ihm fehlt das Gluten – aber Polenta leistet beste Einsatzmöglichkeiten. Mais ist durch Gentechnik in Verruf gekommen. Deshalb hat sich die Bantam-Mais-Protestaktion gegründet, die bis jetzt erfolgreich den Anbau von Genmais in Deutschland und Europa verhindert hat! ROTKOHL verbirgt in seinem schönen Äußeren mehr Vitamine als Weißkohl. Ausgestattet mit Folsäure und Mineralstoffen wie Magnesium enthält er außerdem Glucosinolate und Flavonoide, Pflanzenstoffe, die als krebsvorbeugend gelten. Seine Ballaststoffe regulieren die Verdauung und sättigen mit wenig Kalorien.

Bete-Ketchup & Meerrettichcreme
Zwei ultimative Dip-Tipps

Rote-Bete-Ketchup
2 mittelgroße Rote Beten
1 TL Weißweinessig
2 TL Aceto balsamico
1 gestr. TL Meerrettich,
   fein gerieben
1½ TL Salz
1 Msp. Pfeffer
1 Msp. Kümmel, gemahlen
Currypulver nach Belieben
3 TL Zitronensaft
2 TL Rohrzucker
2 TL Apfeldicksaft

Meerrettich-Cashew-Creme
150 g Cashewkerne
150 ml Wasser
3 TL Meerrettich, fein gerieben
½ TL Salz bzw. nach Geschmack
1 Spritzer Zitronensaft

Zeitspartipp
Vorgekochte Rote Beten kaufen. Oder für weitere Rezepte
(S. 106, 136) mit vorkochen.

Küchenzeit 80 Min.
Kochzeit Rote Beten 60 Min.
Zubereitung 20 Min.

Ketchup **Rote Beten** gründlich waschen, bürsten und von Blättern befreien. In einem Topf mit Salzwasser und **Weißweinessig** bedeckt ca. 1 Stunde kochen, bis sie weich sind.

Wasser abgießen und Rote Bete häuten. (Eventuell Küchenhandschuhe anziehen.) Zu einem feinen Mus pürieren.

Die **restlichen Zutaten** zugeben und gut verrühren. Schmeckt gut zu pikantem Käse, fettem Fisch oder ganz verwegen – für Fleischesser zur Currywurst.

Meerrettich-Cashew-Creme **Alle Zutaten** gemeinsam pürieren, dann abschmecken. Der Dipp ist sofort zum Verzehr bereit. Passt gut zu gegrilltem oder mariniertem Gemüse, als Brotaufstrich, auf Rote-Bete-Suppe oder zu geräucherten Forellenfilets.

Supergut zu wissen ROTE BETE war einst verkommen
zum roten Farbstoff im Erdbeerjoghurt oder harrte essigsauer im Kellerregal auf die Öffnung des Weckglases. Die wiederentdeckte erdnahe Rübe bringt Farbe und B-Vitamine auf den Tisch sowie nennenswerte Mengen Eisen und Kalium. Die vielseitige Rote Bete taucht in unseren Rezepten in ganz verschiedenen Rollen auf: als Dip, im Sandwich, gebacken aus dem Ofen, im Salat oder als Sprosse.
MEERRETTICH, eine Pfahlwurzel, die in lockerem sandigem Boden bis 60 cm lang werden kann, bietet – wie der Name beim Hören sagt – mehr Rettich. Dieses Mehr ist das scharf-stechende Aroma, das zu Tränen reizt und von den flüchtigen Senfölen stammt, die beim Aufschneiden freigesetzt werden. Meerrettich hilft bei der Fettverdauung. In Osteuropa begleitet er fette Fleischgerichte oder die Gemüse im Glas beim Fermentieren. Die Senföle wirken antibiotisch. Der hohe Zinkgehalt stärkt das Immunsystem – ein guter Begleiter in der Erkältungszeit.

Quittenbrot mit Ziegenkäse
Schwarz - Weiß - Gold

16 Fingerfood-Happen

Quittenmus
½ goldgelbe reife Birnen-
quitte (ca. 250 g)
1 EL Rohrzucker
Agar-Agar

Fingerfood-Happen
150 g Ziegengouda
4 rechteckige Scheiben
Pumpernickel

Küchenzeit 25 Min.
(ohne Wartezeit)

Quittenmus **Birnenquitte** nicht waschen, sondern mit einem groben Tuch den Flaum abreiben. Stiel und Blütenansatz ausschneiden. Frucht in kleine Stücke schneiden, in wenig **Wasser** (ca. 2 cm hoch) in einem Topf bei mittlerer Hitze weich kochen. Das Kompott durch ein Sieb streichen, mit dem **Zucker** verrühren und abkühlen lassen. **Agar-Agar** nach Anweisung dem Fruchtmus zufügen, kurz aufkochen. Auf einem mit Backpapier ausgelegten Blech die Masse etwas mehr als ½ cm dick aufstreichen und abkühlen lassen.

Brote und Belag **Ziegengouda, Pumpernickel** und geliertes **Quittenmus** in gleichgroße mundgerechte rechteckige Stücke schneiden, schichten und als Partyhäppchen anbieten.

Supergut zu wissen Der ballaststoffreiche PUMPERNICKEL ist ein reines Roggen-schrotbrot, das 16 Stunden bei etwa 100 °C gebacken wird. Dabei entsteht sein malzig-milder Geschmack. Als natürliche Fluorquelle unterstützt er Nägel, Haare, Knochen und Zahngesundheit. Weil Pumpernickel ohne Backpulver hergestellt wird, kommt sein hoher Fluorgehalt – ungehindert von eventuellen Aluminiumsalzen – unserer Gesundheit vollständig zugute.
Die QUITTE liefert über den Erhitzungsvorgang hinaus insbesondere Vitamin A, Calcium und Magnesium. Sie enthält außerdem viel Pektin, den wertvollen Ballaststoff zur Pflege der Darmschleimhäute. Traditionell wird die Quitte gerne als Mus bei fetten Speisen, beispielsweise der Martinsgans, gereicht, da man sich von ihr eine Unterstützung bei der reichlichen Fettverdauung verspricht.

Kleines Sandwich mit Roter Bete
Superfood hochgestapelt

4 Sandwiches

Guacamole
2 weiche Avocados
1 TL Zitronensaft
Salz, Pfeffer

Belag
1 mittlere Rote Bete
½ Bund Brunnenkresse
8 Scheiben Kasten-Bio-
   vollkornbrot
125 g Ziegenfrischkäse

Partytipp
Mithilfe eines Zahnstochers
gelingt sogar eine kleine
Hochstapelei.

Veganer
lassen den Ziegenfrischkäse
weg.

Küchenzeit 10 Min.
(mit verzehrfertiger Roter
Bete)

Guacamole Die weichen **Avocados** schälen, entkernen. Mit **Zitronen-saft, Salz** und **Pfeffer** zu einer Creme pürieren.

Belag **Rote Bete** gekocht (Seite 104) oder fermentiert (Seite 21) verwenden. In ½ cm schmale Stifte schneiden.

Die **Brunnenkresse** waschen und gut trocknen. Achtung, die Blättchen sind ziemlich empfindlich.

4 quadratische **Vollkornbrotscheiben** dünn mit **Ziegenfrischkäse** bestreichen. 2-mal diagonal in 4 Dreiecke schneiden. **Rote-Bete-Stifte** darauf anrichten. Mit **Guacamole** und **Brunnenkresse** toppen. Auf ein Sandwich gehört ein »Deckel« darauf, also nochmals Brotscheiben entsprechend zuschneiden.

Varianten Die Türmchen verändern sich farblich mit gelber oder rotgestreifter Bete. Brunnenkresse ersetzt man durch allerlei Kräuter oder Baby-Leaves (siehe Granatapfel-Wildkräutersalat, Seite 52), Guacamole kann durch Radieschenblatt-Pesto (Seite 44), durch Bohnen- (Seite 90) oder Meerrettichcreme (Seite 104) ausgetauscht werden.

Supergut zu wissen
Hier ist die Entscheidung für BRUNNENKRESSE gefallen, weil sie eine Vorstellung verdient hat. Sie wächst fast das ganze Jahr über, allerdings hat sie am wenigsten Konkurrenz am Winterende. Wie bei vielen Frühjahrskräutern fällt ihr hoher Provitamin-A-Gehalt auf, gekoppelt mit Vitamin C und B1, B2, B3. Ebenso enthält sie Calcium, Eisen, Natrium, Phosphor und Jod. Durch Bitter- und Scharfstoffe wirkt sie belebend, blutreinigend und wassertreibend. Schwangere weichen auf Baby-Leaves aus, weil Brunnenkresse Wehen fördern könnte.
ROTE BETE, AVOCADO, BRUNNENKRESSE und GETREIDE-EIWEISS bilden eine Kombination, die die Aufnahme sämtlicher Nährstoffe begünstigt.

Artischocke gedippt
Disteldelikatessen

4 Portionen
1 Biozitrone
4 mittelgroße Artischocken
1 Spritzer Weißweinessig

Weiße Vinaigrette
Salz, Pfeffer
1 EL Joghurt/Sojajoghurt
½ Zehe Knoblauch, gepresst
2 EL Zitronensaft
1 Spritzer weißer Balsamico-
  Essig
6 EL Distelöl

Goldene Vinaigrette
Salz, Pfeffer
1 TL Apfeldicksaft
2 EL Zitronen- oder Limonensaft
1 Spritzer weißer Balsamico-
  Essig
3 EL Maiskeimöl
3 EL Distelöl

Küchenzeit 50 Min.

Artischocken Zitrone halbieren. **Artischocken** waschen und dann – der Krafttest: den Stiel über einer Tischkante abbrechen, zusammen mit möglichst vielen der harten Bodenfasern. Den Boden begradigen, die stacheligen Spitzen der Blätter mit einer starken Schere abschneiden. Jede Schnittkante sofort mit der Zitronenhälfte bestreichen. Artischocken in reichlich **Salzwasser** mit einem Spritzer **Weißweinessig** in einem Edelstahltopf etwa 40 Minuten kochen. Die Artischocke ist gar, wenn sich ein Probeknospenblatt leicht herauszupfen lässt.

Vinaigretten Die **Gewürze, Joghurt (Apfeldicksaft), Zitronensaft** und **Essig** mit dem Schneebesen verquirlen. Das **Öl** zugießen und eine Emulsion herstellen. Auf zweimal 4 kleine Schüsselchen verteilen und jeweils zu der Artischocke reichen.

Artischockenboden Nach dem Abzupfen und Auslutschen der gedippten Blattansätze kommen violette Herzblätter der Distelknospe zum Vorschein. Diese an der Spitze fassen, abdrehen und entfernen. Dann das »Heu«, den faserige Anteil der späteren Blüte, mit einem Löffel herausheben, er ist nicht genießbar, und – voilà – jetzt haben Sie die Superdelikatesse, den Artischockenboden, erreicht. Auch der lässt sich dippen und ohne Wenn und Aber verzehren.

Supergut zu wissen

ARTISCHOCKE, die schöne große Distel, gedeiht bis in die Bretagne im Norden, aber eigentlich liebt sie die Wärme der Mittelmeerregion. Interessant ist, dass die Artischocke neben dem Provitamin A, Vitamin C, B1 und E, Eisen, Kalium und sekundären Pflanzenstoffen den präbiotischen Stoff Inulin enthält. Präbiotika fördern die »gute« Bakteriengesellschaft unseres Darms und trainieren damit unser Immunsystem. Goethe schätzte die Artischocke als Aphrodisiakum.
DISTELÖL ist eines der Öle mit dem höchsten Vitamin-E-Gehalt, hat einen neutralen Geschmack und überlässt im Aromabereich der großen stacheligen Schwester den Vortritt.

Drei-Wurzel-Kokos-Süppchen
Trio »vegan« in Weiß

4 Portionen Süppchen
1 kleine gelbe Zwiebel
2 TL Sesamöl, geröstet
400 g Steckrübe
400 g Pastinake
100 g Petersilienwurzel
1 kleine Chilischote
etwas Ingwer
700 ml Brühe
300 ml Weißwein/Champagner
100 ml Kokosmilch
Salz, Pfeffer
1 Msp. Safran
Sojasauce zum Abschmecken

Topping
2 TL Sesamsaat
5 Stängel Petersilie
2. Hälfte Chili, gehackt

Küchenzeit 30 Min.

Süppchen **Zwiebel** abziehen und klein würfeln. In einem Topf mit **Sesamöl** glasig dünsten. **Steckrübe, Pastinake** und **Petersilienwurzel** schälen, in kleine Würfel schneiden und zu der Zwiebel geben. **Chili** und **Ingwer** klein hacken – die Hälfte der Chilistückchen zur Seite legen zum Garnieren – und unterrühren. Gemüse mit **Brühe** und **Wein** ablöschen. Bei kleiner Hitze ca. 20 Minuten weich kochen.

Topping Inzwischen die **Sesamsaat** ohne Öl in einer Pfanne duftig rösten. **Petersilie** waschen, trocknen (grobe Stiele entfernen) und klein hacken. Beides für später zur Seite stellen.

Süppchen Die Gemüsesuppe vom Herd nehmen, die **Kokosmilch** zufügen und mixen. Für eine feine Cremesuppe streicht man das Gemüse durch ein Sieb. Mit **Salz, Pfeffer, Safran** und **Sojasauce** abschmecken.

Topping Mit **Petersilie**, dem Rest **Chili** und dem **Sesam** garniert servieren.

Supergut zu wissen
Die STECKRÜBE, mit Kohl und Raps verwandt, bietet uns ein Kaleidoskop aller Mineralstoffe und einiger Vitamine, wenn auch in überschaubaren Mengen. Mit wertvollen Zutaten vereint, heben wir sie aus dem Status von Viehfutter und Nachkriegsrübe heraus. Die PETERSILIENWURZEL sorgt im Dreiergespann für die würzige Note. Die PASTINAKE ist eine »sanfte Möhre«, hierzulande von Oktober bis ins Frühjahr verfügbar. Ihr Vitamin-C- und Kaliumgehalt ist sogar höher als bei der Karotte. In dieser Creme hält sie sich geschmacklich dezent zurück und lässt ihre Mitspieler mit würzigen Aromen und Scharfstoffen glänzen und einheizen.
SESAM setzen wir in diesem Rezept gleich zweimal ein. Als erhitzbares Öl, in dem wir unser Gemüse anbraten, und als gesunde Dekoration. Mit seinem hohen Calciumgehalt kann er bei Laktoseintoleranz die Milchprodukte ersetzen helfen.

Spätsommersalat mit Pak Choi
Das Auge isst mit

Salat Alle **Gemüse** waschen und in mundgerechte Stücke teilen. Die **Avocados** schälen, entkernen, in Fächer schneiden und mit **Limonensaft** beträufeln. Auf Tellern anrichten.

Vinaigrette Die Vinaigrette gut emulgieren und in einer Kanne dazustellen, sodass jeder Mitesser sich selbst bedienen kann.

Gegrillter Käse Den **Käse** in 8 Scheiben, etwa 1,5 cm dick, schneiden. Auf einem Teller **Paprikapulver** und **Mehl** mischen. Jede Scheibe Käse kurz von beiden Seiten in die Mischung drücken und 2 bis 3 Minuten auf dem Grill oder in der Pfanne von beiden Seiten rösten.

4 Portionen Salat
17 Kirschtomaten
1 gelbe Paprika
2 Avocados
1 Biolimone
2 – 4 Mini-Pak-Choi
12 Oliven
1 rote Zwiebel
4 – 8 Kapernfrüchte
   zum Garnieren

Limonenvinaigrette
2 EL Limonensaft
3 EL Leinöl
3 EL Sonnenblumenöl
Salatkräuter der Saison
Salz, Pfeffer

Gegrillter Käse
250 g Halloumi
½ TL mildes Paprikapulver
1 – 2 EL Mehl

Küchenzeit 25 Min.

Supergut zu wissen
Alles, was der Markt hergibt, findet in diesem üppigen Salat Platz. Kaufen Sie frisches Rot, Grün, Gelb. Und für die beste Bioverfügbarkeit, damit auch alle Nährstoffe an die richtigen Stellen im Körper transportiert werden können, sorgen AVOCADO und die guten ÖLE im Salat. Zum Beitrag von tierischem Eiweiß, Vitamin B12 und Umami-Geschmack reichen wir gegrillten HALLOUMI dazu. PAK CHOI, ein Verwandter vom Chinakohl, lässt sich gut bei uns anbauen, denn zwischen Aussaat und Ernte liegen höchstens 50 Tage. Inzwischen findet man sogar superleckere Mini-Pak-Choi auf dem Markt. Seinen reichlich enthaltenen Senfölen sagt man nach, keimtötend, antibiotisch und sogar krebshemmend zu wirken. Da wir ihn frisch auf den Tisch bringen, verzehren wir die Nährstoffe Calcium, Kalium, Beta-Carotin, Vitamin C und einige B-Vitamine (Folsäure) in vollem Umfang. Das Vitamin E der Salatsauce sorgt für optimale Aufnahme von Beta-Carotin. Pak Choi verträgt Temperaturen um den Nullpunkt. Deshalb ist er auch Bestandteil der Baby-Asia-Salate, die Sie im Frühjahr auf dem Biomarkt finden.

Gefüllte Paprika
Sauerkraut gut verpackt

4 gefüllte Paprikaschoten
1 Tasse Reis
2 TL Dillsamen, ungebeizt
5 – 6 EL Öl zum Anbraten
1 Zwiebel
2 Möhren
500 g Sauerkraut (siehe Rezept S. 134 oder aus dem Reformhaus)
Salz, Pfeffer, Rosenpaprika
4 gelbe oder rote Paprika
ca. 200 g Feta/Räuchertofu, gebraten
ca. 50 ml Weißwein
½ Bund Dill oder Petersilie
4 – 8 Cocktailtomaten

Superfood-Extra
Den ausgepressten Sauerkrautsaft kann man trinken, er schmeckt und ist gesund.

Küchenzeit 45 Min.
Zubereitung 15 Min.
Backen ca. 30 Min.

Den **Reis** in der doppelten Menge Wasser mit Salz nach Geschmack gar kochen.

Backofen auf 180 °C vorheizen.

Füllung Zunächst die **Dillsamen** ohne Fett in der Pfanne duftig rösten. **Öl**, die gewürfelte **Zwiebel** und die geriebenen **Möhren** zufügen und golden rösten. Das ausgepresste **Sauerkraut** dazugeben. 3 bis 4 Minuten gemeinsam unter Rühren dünsten, vom Herd nehmen. Die Gemüsemischung mit dem Reis vermengen. Mit **Salz, Pfeffer** und **Rosenpaprika** abschmecken.

Gefüllte Paprika Die **Paprikaschoten** waschen, einen »Deckel« mit Stiel abschneiden. Die Kerne und die weißen Trennwände im Inneren vorsichtig entfernen. Eventuell unten abflachen, um die Schoten standfest zu machen. Den **Feta** würfeln und unter die Reismischung geben. Die Masse in die Paprika füllen, in eine Auflaufform stellen und den »Deckel« mit Stiel darauf legen. Mit etwas **Weißwein** angießen. Für 30 bis 40 Minuten backen. 4 bis 8 halbierte **Cocktailtomaten**, mit wenig **Feta** und **Kräutern** bestreut, 15 Minuten mitbacken.

Supergut zu wissen Columbus brachte die PAPRIKA mit nach Europa. Zu ihrer Familie gehören scharfe und eher süße Vertreter des Nachtschattengewächses. In unserem Rezept tritt sie als Gemüse und Gewürz auf. Mild, edelsüß oder rosenscharf: Der Grad der Schärfe beim Paprikagewürz bestimmt sich durch den höheren oder niedrigen Anteil von Kernen und Trennwänden im Mahlgut. Sie sind es, die das Capsaicin, den ultimativen Scharfmacher, mit einbringen. Die milde Gemüsepaprika gibt sich süß und deckt dabei beispielsweise 40 % des Tagesbedarfs von Vitamin A ab.
Hier haben DILLSAMEN eine Sonderrolle erhalten. Bei sauer eingelegten Gurken sind sie üblicherweise als »Gurkenkümmel« dabei. In diesem Rezept ergänzen sie das Sauerkraut mit ihrem erfrischenden Aroma, das die Verwandtschaft zu Anis und Kümmel verrät – und wie diese die Bekömmlichkeit fördern.

Wurzelgenüsse vom Blech
Mit wenig Aufwand viel Geschmack

4 Portionen Ofengemüse
8 Möhren
4 Rote oder Gelbe Beten
12 mittelgroße Kartoffeln
4 Zwiebeln
4 – 5 EL Olivenöl
1 TL getr. Rosmarin
2 Lorbeerblätter
grobes Meersalz nach
  Geschmack
2 Knollen Knoblauch

Variante
1 Zimtstange
½ Biozitrone
Cayennepfeffer
  nach Geschmack

Küchenzeit 45 Min.
Zubereitung 15 Min.
Backen ca. 30 Min.

Den Backofen auf 200 °C vorheizen.

Ofengemüse Möhren und **Beten** putzen, die **Kartoffeln** schrubben und alles in etwa gleichgroße Stücke spalten. Die **Zwiebeln** abziehen und vierteln. Auf dem Blech mit dem **Öl** übergießen. **Rosmarin, Lorbeerblätter** und nach Geschmack grobes **Meersalz** dazugeben. Gut durchmischen. Die **Knoblauchknollen** nicht häuten, quer halbieren oder Zehen herauslösen und leicht anquetschen und lose verteilt zu dem Gemüse geben.

Für ca. 30 Minuten in den Backofen geben, bis das Gemüse gar und leicht gebräunt ist.

Variante Wer mag, kann mit einer **Zimtstange**, einer halbierten **Zitrone** und **Cayennepfeffer** eine orientalische Note zufügen.

Supergut zu wissen Ein erstaunliches Geschmackserlebnis ist es, diese Wurzelgemüse in ihren konzentrierten, süß-milden Herbstaromen unter einer feinen gebackenen Kruste auf der Zunge zergehen zu lassen. Die intensive Farbigkeit, die dichte Konsistenz und die Ofenwärme sprechen Herz und Sinne an. Die kräftigen Farben weisen auf eine Vielzahl von sekundären Pflanzenstoffen hin. Die Schwefelverbindungen von KNOBLAUCH und ZWIEBEL reinigen Gefäße und Verdauungsorgane und stärken das Immunsystem. Darüber hinaus bilden sie eine Umami-Basis zu den freundlich-milden Wurzelaromen.

Lassen Sie sich von der großen Menge Knoblauch nicht abschrecken. Gebacken schmeckt er äußerst mild und zart und beeindruckt unser Gegenüber nicht mehr mit seinen Nachwirkungen auf den Atem wie im rohen Zustand.

Gefüllter Wirsing mit Einkorn
Überraschungspäckchen aus dem Ofen

8 Wirsingrouladen
150 g Einkorn
8 Wirsingblätter
2 EL Kürbiskerne
1 Zwiebel
1 Zehe Knoblauch
ca. ½ rote Chilischote
2 EL Olivenöl zum Anbraten
200 ml Gemüsebrühe
  (DIY S. 50)
100 g Möhren
100 g Kürbis (Hokkaido)
Salz, Pfeffer
ca. 50 ml Weißwein
optional 50 g Emmentaler

Sauce
100 g Möhren
100 g Kürbis
1 Nuss Butter/Biomargarine
1 EL Rohrzucker
50 ml Wirsingkochwasser
200 ml Sahne/Sojasahne
Salz, Pfeffer
ca. 1 TL Biosojasauce zum
  Abschmecken

Variante
Würzen Sie die Möhren-
Kürbis-Sauce mit einem
Teelöffel in wenig Wasser
aufgelöstem Tomatenmark
statt Sojasauce.

Küchenzeit
Zubereitung 50 Min.
Einweichen über Nacht

Einkorn in doppelter Menge Wasser über Nacht einweichen.

Rouladen Blätter vom **Wirsing** ablösen, in **Salzwasser** 3 Minuten blanchieren. Etwas **Kochwasser** für die Sauce auffangen. Kalt abschrecken, die dicken Rippen flach schneiden. Backofen vorheizen auf 200 °C.

Füllung Gehackte **Kürbiskerne** in einer Pfanne ohne Öl duftig rösten. Zur Seite stellen. **Zwiebel** würfeln, **Knoblauch** fein hacken, **Chili** entkernen und würfeln. Zwiebel, Knoblauch und Chili zusammen in **Olivenöl** in einer Pfanne anrösten. **Einkorn** mit dem Einweichwasser hinzufügen und köcheln lassen. Mit **Gemüsebrühe** aufgießen. Bei geringer Hitze unter Rühren köcheln, bis die Flüssigkeit verdunstet ist. **Möhre** und **Kürbis** raspeln und zufügen. Mit **Salz** und **Pfeffer** würzen. Weitere 10 Minuten garen lassen und nochmals abschmecken. Gegebenenfalls jetzt den geriebenen **Emmentaler** zufügen.
Die Wirsingblätter in der Mitte mit der Gemüsemischung befüllen, zu Päckchen zusammenlegen und mit **Bratenbindfaden** (Zahnstochern) befestigen. In eine Auflaufform legen und in etwa 50 ml **Weißwein** bei 200 °C 20 Minuten schmoren, eventuell Weißwein nachfüllen.

Sauce **Möhren** und **Kürbis** klein würfeln. Butter in einer Pfanne erhitzen, Gemüse zufügen und 5 Minuten rösten. **Rohrzucker** unter Rühren zufügen und 5 Minuten leicht karamellisieren. Mit **Wirsingkochwasser** und **Sahne** ablöschen und 5 Minuten köcheln lassen. Mit **Salz, Pfeffer** und wenig **Sojasauce** abschmecken. Zum Wirsing servieren.

Tipp Püriert wird die Sauce sämiger und verbindet die Zutaten optimal als Teamplayer.

Supergut zu wissen WIRSING kann uns das ganze Jahr über erfreuen mit den Vitaminen C, E, B6 und Folsäure, dazu Calcium, Kalium und Eisen und sekundäre Pflanzenstoffe. Es gibt schossfeste Sorten für den Sommer und frostverträgliche für die kalte Zeit. Der Kopfkohl ist ein ebenbürtiger Bruder des Grünkohls. Möhren, Kürbis, Zwiebeln, Knoblauch, Chili und das Urgetreide machen aus den Päckchen wahre Schatzkisten mit inneren Werten und gutem Kaugefühl.

Spinat-Tagliolini-Nest
Grüner Seelentröster

8 – 12 Nester
500 g Tagliolini
500 g Spinat
1 Zwiebel
1 Zehe Knoblauch
1 EL Olivenöl
2 getr. Aprikosen,
  ungeschwefelt
125 ml Sahne/Kokosmilch
80 g Gruyère, grob geraspelt
Salz, Pfeffer nach Geschmack
Zitronensaft zum
  Abschmecken

Optional
1 EL Pinienkerne
1 Msp. Kurkuma

Dekoration
einige Salatblätter
4 lange Möhrenstreifen,
  aufgerollt

Küchenzeit 25 Min.

Nudeln Wasser aufsetzen, **Tagliolini** kochen.

Nester Spinat waschen, verlesen und trocken schleudern. **Zwiebel** würfeln, **Knoblauch** fein hobeln und in **Öl** kurz anrösten.

Spinat zugeben und zusammenfallen lassen. Die **Aprikosen** in kleine Stücke schneiden und dazugeben. Alles mit der **Sahne** ablöschen und nochmals kurz aufkochen. **Gruyère** untermischen. Mit **Salz, Pfeffer** und **Zitronensaft** abschmecken.

Nudeln abgießen. Mit 2 Gabeln kleine Nester drehen und auf Teller setzen. Mit der Gemüsemischung die Nester befüllen.

Servieren Eventuell die ohne Fett duftig gerösteten und mit **Kurkuma** bestreuten **Pinienkerne** darauf verteilen. Mit **Salatblättern** und **Möhrenstreifen** dekorieren und servieren.

Supergut zu wissen
Die reizvolle Kombination fruchtiger und herzhafter Aromen, abgerundet mit mildem Sahnegeschmack, geben dem Gericht eine befriedigende weiche Note.
Viel Beta-Carotin und Folsäure im SPINAT tragen zu schöner Haut und gesundem Haar bei. Die APRIKOSE liefert besonders Kalium, was wir für unseren Zellstoffwechsel benötigen.
Eine weitere Nährstoffaufwertung bieten die PINIENKERNE mit ihren wertvollen essenziellen Fettsäuren und Magnesium. KURKUMA bringt leichte Bitterstoffe mit ein. Seine Antioxidanzien sollen Verdauungssäfte anregen und Erkältungen bekämpfen. Gerne wird er auch von Seglern präventiv gegen Seekrankheit eingenommen.
Insgesamt ein schnelles sättigendes Rezept für Körper und Seele.

Kohlrabi-Kartoffel-Gratin
Sonnenblumenkernig serviert

4 Portionen Gratin
4 – 6 mittelgroße Kartoffeln
2 Kohlrabi mit Grün
200 ml Sahne/Sojasahne
300 ml Milch/Gemüsebrühe
2 TL getr. Majoran
Salz, Pfeffer
1 Msp. Muskat
100 g Emmentaler oder
  Gruyère, gerieben
1 Handvoll Sonnenblumen-
  kerne

Küchenzeit 60 Min.

Backofen auf 180 °C Ober-/Unterhitze vorheizen.

Gratin Kartoffeln und **Kohlrabi** schälen, die grünen frischen Blätt-chen zur Seite legen. Das Gemüse in feine Scheiben hobeln. **Sahne** und **Milch** bzw. Gemüsefond mit dem **Majoran, Salz, Pfeffer** und **Muskat** verquirlen. In eine Auflaufform wechselweise Kartoffeln und Kohlra-bi schichten. Jede Doppelschicht mit etwas Sahnesauce begießen. Mit Sahnesauce enden, darüber den geriebenen **Käse** und die **Sonnen-blumenkerne** streuen.

Im Ofen ca. 50 Minuten backen. Falls keine appetitliche gebräunte Oberfläche entstanden ist, den Grill anschalten und ca. 5 Minuten gra-tinieren. Sollte aber die Kruste zu dunkel werden, bevor die Kartoffeln gar sind, decken Sie den Auflauf mit angefeuchtetem Backpapier ab – bitte nicht bei Umluftbetrieb, es könnte gegen den Grill geweht werden und sich entzünden.

Servieren Gehackte Kohlrabiblättchen darüber streuen.

Supergut zu wissen MAJORAN aus der Dostfamilie lässt sich ungern auf einen Stand-ort im Garten festlegen; erstaunlich, welche Plätze er sich zum Wachsen aussucht. Seine violetten Blüten ernähren Insekten und erfreuen im Sommerstrauß. Mit den leicht herben Blättchen hilft Majoran bei der Fettverdauung. Er enthält nennenswerte Mengen an Zink, Eisen und Vitamin C. Sein Aroma bringt er gerne harmonisch ins Ganze ein, im Gegensatz zu seinem dominanteren Verwandten Oregano. SONNENBLUMENKERNE verschaffen einen ordentlichen Vitamin-E-Schub, der selbst bei Hitze nicht verlorengeht. Auch Magnesium und Mangan kommen reichlich vor. Vitamin E ist lagerfähig! Es lohnt sich, ein Tütchen Sonnenblumenkerne im Vorratsschrank zu haben und immer mal wieder eine Hand-voll über Müsli, Salate und Aufläufe zu geben.

Maronencreme mit marinierter Pflaume
Ausgeglichene Herbstaromen

4 Portionen Creme

Marinierte Pflaumen
8 Pflaumen
1 Schnapsglas Schlehenlikör
  (siehe Rezept S. 152)
optional Sliwowitz oder Rum

Creme
100 g Maronen
100 ml Milch/Mandelmilch
½ Vanilleschote
1 – 2 EL Rohrzucker
200 ml Sahne/Seidentofu
Ingwer nach Geschmack
2 EL gehackte Mandeln

Küchenzeit
Zubereitung 60 Min.
Marinieren über Nacht

Marinierte Pflaumen Die **Pflaumen** waschen, entkernen und achteln. In einem Glas im erwünschten **Alkohol** mindestens 4 Stunden, gerne über Nacht marinieren.

Creme Geschälte **Maronen** in **Milch** mit der halben, längs aufgeschnittenen **Vanilleschote** weich kochen. Vanilleschote entfernen. Dann mit dem **Rohrzucker** als »Reibemittel« glatt mixen. **Sahne** schlagen und vorsichtig unter die Maronenmischung heben. Mit geriebenem **Ingwer** abschmecken.

Servieren In 4 Glasschüsseln die **Maronencreme** anrichten, darüber je 8 **Pflaumenspalten** und etwas von der durchgezogenen Flüssigkeit geben. Mit gehackten Mandeln oder Maronen dekorieren.

Supergut zu wissen
Unser exotischer Nachtisch aus heimischen Zutaten setzt auf die Esskastanie, auch MARONE genannt. Aus der sehr stacheligen Hülle fallen ein oder mehrere Kastanien. Es empfiehlt sich, mit zwei Methoden an den inneren Keimling, den wir essen wollen, zu kommen. Zunächst kreuzweise die Schale einritzen und 20 Minuten bei 200 °C backen. Dann kurz in kochendes Wasser geben: Jetzt sollten sich Schale und das bittere Häutchen entfernen lassen. Wer nicht die Mühe, aber den Genuss haben möchte, greift im Bioladen zur fertig geschälten, blanchierten Marone. Mit Stärke, Protein und wenig Fett liefert sie Vitamin A und Kalium. Glutenfrei ist sie interessant für Zöliakie-Betroffene. Aus der Esskastanie wird Mehl hergestellt, das als Backzutat allerdings mit anderem Mehl gemischt werden sollte.
PFLAUME – unter diesen Oberbegriff fallen frühe und späte Zwetschen, Reineclauden und auch die gelben Mirabellen. Wir haben in unserem Rezept an die alte Hauszwetsche gedacht. Damit sie ihr Vitamin C an uns weitergeben kann, wird sie nur eingelegt und nicht erhitzt. Wie viele der ausgewählten Obst- und Gemüsesorten bietet uns die Pflaume ein ausgewogenes Mischverhältnis von Nährstoffen. Naschen Sie also gerne bei der Nachtischvorbereitung hin und wieder ein Früchtchen.

Kürbis-Zimtwaffeln mit Birnen

Fünf Herzchen für den Hokkaido!

6 Waffeln

Kürbispüree
½ kleiner Hokkaido für
   250 ml Kürbispüree
etwas Wasser

Waffeln
2 Eier
100 g Butter/Biomargarine
2 Msp. Zimt
etwas Vanille
Saft und Abrieb von ½ Biozitrone
80 g Rübensirup
125 g Dinkelmehl 1050
125 g Dinkelmehl 630
   oder 200 g 630er Mehl plus
   50 g Haselnussmehl
½ Päckchen Backpulver

Birnenkompott
500 g Birnen
etwas Wasser
1 Msp. Ingwer, gerieben
evtl. Birnendicksaft zum
   Abschmecken

Küchenzeit 60 Min.

Kürbispüree Den **Hokkaido** waschen, entkernen und klein schneiden. Mit wenig **Wasser** in einem Topf weich kochen. Anschließend pürieren. Abkühlen lassen.

Waffeln In einer Schüssel **Eier** aufschlagen und mit **Butter, Zimt, Vanille** sowie **Saft** und **Abrieb der Zitrone** gut verrühren. **Kürbispüree** und **Rübensirup** zufügen. **Mehl** und **Backpulver** mischen. Zu der Eiermischung geben und alles gut vermengen. 30 Minuten ruhen lassen. Dann die Waffeln ausbacken.

Birnenkompott Aus den geschälten, entkernten **Birnen** ein Kompott mit wenig **Wasser** kochen. Abkühlen lassen, mit etwas geriebenem **Ingwer** abschmecken, eventuell mit **Birnendicksaft** süßen und zu den Waffeln reichen.

Supergut zu wissen Der neutrale Geschmack von KÜR-

BIS macht ihn universell einsetzbar. Hier spendet er die saftige Grundlage und schöne Farbe für Waffeln. Hokkaido ist besonders praktisch, weil er klein ist und mit Schale verwendet werden kann. Wer ihn nicht ganz aufbraucht, findet weitere Rezepte (Gefüllter Wirsing mit Einkorn. Seite 118; Salat von Roten Beten und Kürbis, Seite 136)). Gegen Austrocknen geschützt hält er sich im Kühlschrank ein, zwei Tage. Oder Sie kochen mehr Kürbispüree und wecken es heiß bzw. frieren es abgekühlt ein.

BIRNEN sind bei uns kurze Zeit vor den Äpfeln reif. Sie liefern uns erstaunlich viel Vitamin E, außerdem Jod und Selen: essenzielle Nährstoffe, die wir für schöne Haut und Haare gut brauchen können. Birnen lassen sich nicht lange lagern; nutzen Sie deshalb die Erntezeit August und September.

Müsli-»to go«-Minis
Kleine Handarbeit

30 Plätzchen (1 Blech)
50 g kernige Haferflocken
3 EL Apfelsaft
50 g zarte Haferflocken
25 g getr. Sauerkirschen
  (Cranberrys, Weinbeeren,
  Maulbeeren o. ä.)
25 g getr. Datteln, entkernt
  (oder Feigen, Physalis o. ä.)
1 EL Hanfsamen
½ EL Leinsaat, geschrotet
½ TL Zimt
2 Prisen Salz
30 g klein gehackte Mandeln
½ geriebener Apfel,
  ungeschält, entkernt
2 gestr. EL Mandelmus
etwa 2 EL Rübensirup oder
  Apfeldicksaft

Küchenzeit 45 Min.

Backofen auf 180 °C Umluft vorheizen.

Plätzchen Kernige **Haferflocken** in einer Schüssel mit **Apfelsaft** vermischt 30 Minuten stehen lassen. Die **trockenen Früchte** klein schneiden und mit Saaten und Gewürzen dazugeben. (Verwenden Sie gerne alle in Ihrem Haushalt vorhandenen Trockenfrüchte, in einer Mischung von ausgewogener Süße.) **Geriebenen Apfel** und **Mandelmus** zufügen. Die Masse mit einem Esslöffel rühren, bis ein Teig entsteht. Nach Geschmack und Konsistenz **Rübensirup** oder **Apfeldicksaft** zugeben. Der Teig soll gut kleben.

Mit einem Teelöffel kleine Häufchen auf ein mit Backpapier ausgelegtes Blech setzen. 10 bis 15 Minuten bei 180 °C backen. Frisch gebacken schmecken sie am besten!

Supergut zu wissen

HAFER bietet ein sehr breites Spektrum an Vitaminen, Mineralien und essenziellen Aminosäuren. Auffällig ist besonders Mangan, von dem wir nur »Spuren«, diese aber nötig brauchen: Es sorgt mit der Aktivierung eines Enzyms für starkes Bindegewebe, Blutzuckerregulierung, Bildung von Harnstoff, Melanin (für die Haut) und Dopamin (fürs Glücksgefühl). HANF-, LEINSAAT und MANDELN (fettlösliche Vitamine), CRANBERRY, SAUERKIRSCHE, DATTEL bringen weitere Nährstoffe ein, die die Süßigkeit zu einem Superkeks machen. RÜBENSIRUP mit seinem malzigen Geschmack ist von hier und traditionell, dabei angenehm süß und mit allen Nährstoffen der Rübe ausgestattet, beispielsweise Magnesium und Kalium und nicht chemisch raffiniert. Als Kinder liebten wir Quark mit Rübensirup auf dem Brot.

Warmer Bananensmoothie orange
Wie die gute alte Honigmilch – nur super

2 kleine Gläser Smoothie
1 Banane
80 ml Mandelmilch
  (ungesüßt)
120 ml Orangensaft
2 EL Sanddornsaft
  (100 % Muttersaft ohne
  Zucker)

Mandelmilch DIY
50 g geschälte Mandeln
250 ml calciumhaltiges
  Mineralwasser

Würztipp für die »Milch«
1 Prise Salz und/oder
1 Schuss Apfelessig

Küchenwerkzeug
Mull- oder Leinentuch zum
Abseihen der Mandelmilch

Küchenzeit 15 Min.
Mandelmilch 10 Min.

Smoothie **Banane** in Stücke gebrochen in den Mixer mit etwas **Mandelmilch** geben und pürieren. Restliche **Mandelmilch, Orangensaft** und **Sanddornsaft** zufügen. Wer möchte, erwärmt den Smoothie vorsichtig und genießt ihn wie Mutters Honigmilch vor dem Zubettgehen.

Mandelmilch schmeckt am besten, wenn Sie geschälte Mandeln nehmen. Bedingung ist, dass Sie einen guten Mixer haben. Sollten die Mandeln älter sein, am Abend vorher einweichen.
Geschälte **Mandeln** und **Mineralwasser** im Mixer pürieren, bis eine weiße milchähnliche Flüssigkeit entsteht. Die Flüssigkeit durch ein Tuch abseihen. Tuch ausdrücken, damit möglichst wenig verloren geht, und fertig ist Ihre Mandelmilch. Wer eine dichte Konsistenz von Smoothies mag, kann auf das Abseihen verzichten, und erhält so auch noch Ballaststoffe, Calcium und weitere Nährstoffe.

Würztipp Wenn es noch etwas fad schmeckt, würzen Sie mit 1 Prise **Salz** Ihrer Wahl oder 1 Schuss **Apfelessig**.
Diese »Milch« hält sich etwa 3 Tage im Kühlschrank.

Supergut zu wissen
Dieser köstliche Trunk kommt ganz ohne zugefügten Zucker aus. Die BANANE mit ihrer Fruktose reicht völlig. Sie liefert auch Selen, das zusammen mit Vitamin E freie Radikale entmachtet, und Silicium, das Bindegewebe strafft und Calcium einlagern hilft, also gegen Osteoporose wirken kann. Vegan, gluten- und laktosefrei ist diese »Milch« außerdem.
MANDELMILCH ist zwar nicht viel kalorienärmer als Kuhmilch, aber sie bietet ungesättigte Fettsäuren. Das Spektrum an Nährstoffen – durch ORANGE und SANDDORN in Vitamin-C-haltiger Atmosphäre – dürfte gut aufgenommen werden. Achten Sie beim Kauf von fertiger Mandelmilch darauf, dass sie ungesüßt ist. Meistens wird ihr (Jod-)Salz zugefügt. Wer sich mit »fremden« Zutaten nicht belasten will, macht seine Mandelmilch selbst.

Topinambursalat mit Apfel
Von Himmel und Erde

4 Portionen Salat
600 g Topinamburknollen
1½ Äpfel
Saft von 1 Zitrone
6 Walnüsse

Vinaigrette
2 EL Walnussöl
1 TL Senf
Salz, Pfeffer

Topping
Petersilie oder Wildkräuter

Küchenzeit 30 Min.

Salat **Topinambur** schälen, in sehr feine Scheiben hobeln und sofort mit dem Zitronensaft begießen, um das Oxidieren zu verhindern. Die **Äpfel** waschen, vierteln oder halbieren, Kerngehäuse entfernen und das Fruchtfleisch ebenfalls superfein hobeln. Mit dem Topinambur in einer Schüssel mischen.

Die **Walnusskerne** grob hacken und untermischen.

Vinaigrette Aus **allen Zutaten** in einem Schraubdeckelglas eine Vinaigrette schütteln, bis sie emulgiert. Über den Salat geben und vorsichtig vermengen.

Toppen Sie, falls zur Hand, mit **Petersilie** oder **Wildkräutern**.

Supergut zu wissen

TOPINAMBUR ist die Knolle einer Sonnenblumenart mit Migrationshintergrund. Sie gedeiht auch hier bestens. Ob gekocht oder als Rohkost – sie ist eine bisher unterschätzte Knolle. Statt Stärke liefert sie Inulin (16 %), das durch Enzyme und Säuren im Körper in eine insulinunabhängige Zuckerform umgewandelt wird. Damit ist sie für Diabetiker interessant. Sie gilt als präbiotisch. Köstlich und frisch überrascht Topinambur mit einem angenehm nussigen Geschmack, der mit den Apfelaromen harmoniert. Wählen Sie einen festen Apfel, dann können beide Komponenten mit ihrer Knackigkeit ein befriedigendes Kauerlebnis bieten.

Besonders bissfeste HEIMISCHE ÄPFEL sind Goldparmäne, Rosenapfel, Boskoop. Der Apfel ist einer unserer Top-Five-Superfoods. Alle pflanzlichen Vitamine und Mineralien finden sich im Apfel in ausgewogener Menge. Obendrein befindet sich unter der Schale Pektin, ein Ballaststoff, der im Ruf steht, den Cholesterinspiegel zu senken. Apfel ist die Frucht, die in unserer Kultur, in Märchen und Mythen einen besonderen Stellenwert einnimmt. Seine Streuobstwiesen prägen das Landschaftsbild im gesamten Mitteleuropa. Derzeit findet eine Wiederbelebung alter Sorten statt mit solch klangvollen Namen wie Rote Sternrenette, Hasenkopf, Danziger Kantapfel, Finkenwerder Herbstprinz.

Unter den mitteleuropäischen Nusssorten bietet die WALNUSS eine besonders reiche Nährwertpalette: fast alle B-Vitamine (auch Folsäure), Vitamin C, reichlich ungesättigte Fettsäuren, Kalium, Magnesium, Selen, Jod und Zink. Ganz zu schweigen von der Folsäure im Zitronensaft der Vinaigrette …

Avocadocreme mit rotem Kaviar

Edler Appetizer

4 Gläser Appetizer
1 – 2 Avocado(s)
1 – 2 EL Zitronensaft
2 – 3 EL Sesam- oder Sonnenblumenöl
Salz, Pfeffer nach Geschmack
ca. 4 EL Forellenkaviar

Küchenzeit 7 Min.

Appetizer Die **Avocado** entkernen, schälen, mit **Zitronensaft** und **Öl** cremig verrühren und abschmecken. Füllen Sie die Creme in schöne Gläser und geben Sie je 1 Esslöffel **Forellenkaviar** darauf. Und servieren Sie die Köstlichkeit zügig.

Veganer bekennen Farbe, indem sie mit dem **Bete-Ketchup** aus den Herbstsnacks (Seite 104) toppen. Rote Bete ist gut lagerfähig und wird auch im Winter angeboten. Oder Sie schneiden rote Paprika in sehr dünne Streifen und stecken sie dekorativ in die Guacamole.

Supergut zu wissen

AVOCADO, die Beerenfrucht eines Lorbeergewächses, eines hohen Baumes, wird hart und unreif geerntet oder fällt in diesem Zustand vom Baum. Sie ist eine der wenigen Früchte, die nachreifen müssen. Bei uns zu Hause kann ein Apfel in ihrer Nähe dabei helfen. Die weiche Avocado ist dann ein Genuss, der als Guacamole oder in Spalten auf Gemüse oder Brot köstlich schmeckt. Sie liebt einen Schuss Zitronensaft, der ihr Oxidieren verhindert, bei dem sich ihr schönes Grün in ein unansehnliches Braun verwandelt. Berühmt ist sie für ihre Fettsäuren, gesättigte und ungesättigte. So schafft sie es, unsere Cholesterinwerte zu senken. Mit dem Vitamin C (Zitrone) kann unser Körper die fettlöslichen Vitamine A, K und E gut aufnehmen. Reichlich B-Vitamine, besonders B5 (außer B12) sind in der Avocado enthalten, Jod, Kalium und Zink runden das vielseitige Spektrum ab.

Und nun kommt der FORELLENKAVIAR ins Spiel, der das benötigte Vitamin B12 in aufnahmefähiger Form beisteuert. B12 ist wichtig für Blutbildung und Zellwachstum. Bei einem Mangel kommt es zu Störungen des zentralen Nervensystems, von Bewegungskoordination und Gedächtnis.

Aber der Fischrogen kann noch mehr, er beugt dem jahreszeitlich bedingten Vitamin-D-Mangel vor, wirkt mit Jod der Schilddrüsenunterfunktion entgegen und legt bei Vitamin E noch eins drauf.

So schön und so wertvoll kann ein Snack sein!

Super-Coleslaw-Burger

Aus der Tugend eine Lust machen

4 Burger

Pommes frites
500 g Süßkartoffeln

Würzölmischung
2 EL Olivenöl
1 Msp. Rosenpaprikapulver
1 Prise Cayennepfeffer
1 Zehe Knoblauch, gepresst
Meersalz, Pfeffer

Coleslaw
1 Zwiebel
etwas Öl
4 EL geraspelte Möhren
8 EL Sauerkraut (selbst
  hergestellt od. milchsauer
  vergoren gekauft)
2 EL Sahne
Bio-Curry-Tomatenketchup
  nach Geschmack

Burger
4 Brötchen nach Wahl

Küchenzeit 30 Min.

Sauerkraut DIY
½ Weißkohl
½ Rotkohl
1 EL Salz

Backofen auf 200 °C vorheizen.

Pommes frites Süßkartoffeln schälen und in Stifte schneiden. Auf ein Blech mit Backpapier legen und mit der in einem Glas gut geschüttelten **Würzölmischung** einpinseln. Im Ofen bei 200 °C etwa 20 Minuten backen.

Coleslaw Zwiebel abziehen, in halbe dünne Ringe schneiden und in wenig **Öl** kurz anrösten. Die geraspelten **Möhren** zufügen und kurz mitrösten. Mit dem **Sauerkraut** und der **Sahne** vermengen. Abschmecken mit **Salz** und **Pfeffer**.

Burger Brötchen aufschneiden. Die untere Hälfte mit den Pommes belegen, mit Ketchup würzen. Die Coleslaw-Mischung darauf geben und deckeln. Dazu passt ein kühles Hefeweizen.

Sauerkraut rot/weiß Halbe Kohlköpfe vierteln, Strunk herausschneiden und dann fein hobeln. Mit **1 EL Salz** und gut gewaschenen Händen das Kraut in einer Schüssel gründlich kneten, sodass die Fasern brechen und Gemüsesaft austritt. In **Einmachgläser** füllen und pressen, bis alles Kraut vom eigenen Saft **überdeckt** ist. Fermentieren ist ein anaerober Prozess. Sollte nicht genug Saft ausgetreten sein, füllen Sie **5-prozentige Salzlake** nach. Mit einem kleineren Teller, einem Glas mit Wasser oder einem gekochtem Stein das Kraut so beschweren, dass es nicht auftreibt. 2 bis 3 Tage bei Zimmertemperatur aufstellen, danach kühl und dunkel lagern. Nach etwa 1 Woche den Saft probieren. Wenn er sauer schmeckt, ist das Kraut fertig.

Supergut zu wissen In diesem Rezept kommt der ganze Nährwertreichtum zur Geltung, der sich während der Fermentation im KRAUT entwickelt. Folsäure, Milchsäurebakterien und Vitamin C sind hitzelabil, deshalb wird der Kohl hier als Salat gereicht. Aus demselben Grund achten Sie darauf, dass Ihr gekauftes SAUERKRAUT aus dem Bioladen oder Reformhaus nicht pasteurisiert ist. SÜSSKARTOFFELN sind Knollen mit viel Vitamin A und einigen B-Vitaminen. Sie bleiben auch beim Backen weitgehend erhalten. Das Olivenöl hilft, das fettlösliche Vitamin dem Körper zugänglich zu machen. Der mild-süßliche Geschmack passt vorzüglich zu Zwiebeln und Sauerkraut.

Salat von Roten Beten und Kürbis
Schlicht delikat

4 Portionen Salat

Gemüse
2 kleine Rote Beten
½ Hokkaido-Kürbis
2 EL Olivenöl zum Anrösten
1 EL Sonnenblumenkerne
1 EL Kürbiskerne
optional 1 Zehe Knoblauch
½ TL Thymian, getrocknet

Salat
8 Blätter grüner Salat
  (Eisberg-, Roma-, Kopfsalat)
8 Blätter Radicchio
100 g Ziegenfrischkäse

Vinaigrette
1 EL Kürbiskernöl
3 EL Sonnenblumenöl
1 – 2 EL weißer Balsamico-
  Essig
Salz, Pfeffer

Küchenzeit 60 Min.

Gemüse Rote Beten ca. 45 Minuten in **Essig-Salz-Wasser** kochen, Haut abziehen. Den **Kürbis** nach Waschen und Entkernen in mundgerechte Stücke schneiden. In eine Pfanne etwas **Olivenöl** geben, darin den **Kürbis** rösten, bis er gar ist. Zur Seite stellen. Die **Roten Beten** in Olivenöl kurz anbraten. Danach **Sonnenblumen-, Kürbiskerne, Knoblauchscheibchen** und **Thymian** ebenfalls in wenig Öl rösten.

Salat Salatblätter und **Radicchio** waschen, in Stücke zupfen und auf 4 Tellern anrichten. Die **Gemüsestücke** und **Kernmischung** darauf geben, anschließend den **Ziegenkäse** aufteilen.

Vinaigrette **Alle Zutaten** zu einer Emulsion anrühren. Kurz vor dem Servieren über den Salat geben.

Supergut zu wissen In diesem Rezept rösten wir den

KÜRBIS möglichst kurz, damit die Nährwerte weitgehend erhalten bleiben: Vitamin C, E und Provitamin A (80 % des Tagesbedarfs), B1, B2, B6 – und eine schöne Anzahl Spurenelemente wie Eisen, Zink und Magnesium. Seine Ballaststoffe unterstützen die Verdauung. Kürbis bietet uns noch mehr als nur GEMÜSE. Seine KERNE werden geröstet als Nüsse gegessen oder zu einem dichten schmackhaften ÖL verarbeitet. Man sagt ihnen nach, die Prostata zu schützen. Sie enthalten wertvolle Mineralien, beispielsweise Kupfer und Magnesium. Zink und Kupfer, wichtige Aufbaustoffe für die Stützgewebe der Blutgefäße, kommen hier beide vor und vermindern unter anderem das Risiko für Krampfadern.
ROTE BETE, die heimliche Königin der alten Gemüse, liebt es, sich mit ihren Anthocyanen in den Mittelpunkt zu stellen. Sie verteilt ihre Farbe großzügig an alle Zutaten. Wer das nicht möchte, erlaubt ihr den Zutritt in die Tellerrunde erst kurz vorm Servieren.

Klare Lauchbouillon mit Eierstich

Porree pur mit Sternenspur

Eierstich
2 Eier
220 ml Milch
3 gute Prisen Salz
2 Msp. Muskat
frisch gemahlener Pfeffer

4 Portionen Bouillon
250 g Lauch
4 Sternanis
1 Lorbeerblatt
1½ l Wasser
Salz, Pfeffer
etwas geriebener Ingwer

Vegane Variante
Eine dekorative Einlage
bietet kantig geschnittener
Seidentofu.

Küchenzeit 25 Min.

Eierstich Eier mit **Milch, Salz** und **Muskat** in einer Schüssel gut verrühren, aber nicht schaumig schlagen, um zu viele Luftlöcher im Eierstich zu vermeiden. 4 feuerfeste Förmchen **ausbuttern** und mit der Eiermilch füllen. Einen Topf mit Wasser befüllen, die Förmchen sollen etwa 2 cm hoch im Wasserbad stehen. Bringen Sie das Wasser erst zum Kochen, dann herunterschalten. Bei einer Temperatur gerade unter dem Siedepunkt die Förmchen einstellen und den Topfdeckel auflegen. Passen Sie auf, dass das Wasser **nicht** kocht. Nach etwa 20 Minuten sind die Eier gestockt. Die Förmchen aus dem Wasserbad nehmen. Nach kurzer Ruhezeit mit einem Messer den Eierstich vom Rand lösen und stürzen.

Bouillon Den **Lauch** der Länge nach ab Blattansatz aufschlitzen und unter fließendem Wasser gründlich waschen. In dünne Ringe schneiden. Mit **Sternanis** und **Lobeerblatt** im **Wasser** zum Kochen bringen. Bei mittlerer Hitze köcheln, bis der Lauch weich ist (ca. 10 Minuten). Lorbeerblatt entfernen, der Sternanis darf als dekoratives Element bleiben. Gut **salzen**, **pfeffern** und mit **Ingwer** abschmecken.
Den Eierstich mit frisch gemahlenem **Pfeffer** garnieren, in kleine Würfel schneiden und dazu servieren.

Supergut zu wissen
Dieses Rezept besticht durch seine Leichtigkeit und klare Reduziertheit. LAUCH, auch Porree genannt, bringt uns die Vorteile der zwiebelartigen Gewächse auf milde Art. Das nicht so häufig vorkommende Vitamin K reguliert die Blutgerinnung, und Folsäure hilft bei der Blutbildung. Weitere Mineralstoffe wie Kalium, Calcium, Magnesium und die Spurenelemente Eisen und Mangan finden sich im Lauch. Köstlich wird die Bouillon mit dem zart gewürzten Eierstich. Dieser trägt Eiweiß und das wenige Fett in der Suppe bei. Eine kleine Mahlzeit, die schlank und fit hält.

Gebackener Rosenkohl mit Mandeln

Pflaumig-knackige Kohlröschen

4 Portionen Rosenkohl
etwa 600 g Rosenkohl
8 getr. Pflaumen, entkernt
12 Mandeln, ungeschält
grobes Meersalz
etwa 30 g Butterflöckchen/
  Biomargarineflöckchen
50 ml Weißwein

Küchenzeit 30 Min.

Backofen auf 180 °C Umluft vorheizen.

Rosenkohl Von den **Kohlröschen** äußere, eventuell welke Blättchen entfernen. Den Strunk kürzen und kreuzweise einschneiden. Rosenkohl mit den geviertelten **getrockneten Pflaumen** und den grob gehackten **Mandeln** in eine Auflaufform geben. Mit **Meersalz** bestreuen und **Butterflöckchen** darüber schneiden. Auf den Boden der Auflaufform etwa 1 cm hoch **Weißwein** angießen. 20 bis 30 Minuten bei 180 °C backen, bis die Rosenköhlchen leicht bräunlich werden.

Tipp Dazu passen gut Kartoffelspalten aus dem Ofen, bei Umluft können Rosenkohl und Kartoffeln gleichzeitig gebacken werden.

Variation Kohl mag es gerne, mit den getrockneten Früchten seiner Region und Saison zusammenzutreffen: Weinbeeren, Rosinen, Aprikosen, Apfel, Birne.

Supergut zu wissen ROSENKOHL, der kleinste unter den Kohlsorten, lässt sich sogar bei Frost ernten. Sobald die Temperaturen über den Gefrierpunkt klettern, wächst er auch schon wieder und bildet neue Röschen. Frost mildert seine Bitterstoffe, sodass dann selbst Kinder zugreifen. Mandeln und Pflaumen unterstreichen die dezent-süßen Noten des kleinen Kohlköpfchens.
Ein Wort zu NÜSSEN und MANDELN: Magnesium braucht unser Körper für etwa 300 Vorgänge und chemische Reaktionen. So sorgt es unter anderem für die Regulierung des Herzschlags und der Blutzuckerwerte. Für Frauen hilfreich: Mit genug Magnesium mindern sich Wassereinlagerungen innerhalb des Monatszyklus und der unangenehme »Blähbauch«.
Bei TROCKENFRÜCHTEN greift man besser zu ungeschwefelter Bioware, denn zugesetztes Schwefeldioxid zerstört Vitamin B1 und Folsäure. Die Früchte sind dann zwar weniger farbenfroh, aber deutlich gesünder.

Sellerietaler mit Meerrettich-Béchamel

Eine handfeste Kombination

4 Portionen Taler
2 mittelgroße Sellerieknollen
2 Eier/vegane Variante (siehe
  S. 154)
ca. 6 geh. EL Vollkornpanier-
  mehl
Salz, Pfeffer
4 Stängel Petersilie oder
  Selleriegrün
etwas Sonnenblumenöl

Meerrettich-Béchamelsauce
1 EL Butter/Biomargarine
1 EL Mehl/Mandelmehl
250 ml Milch/Mandelmilch
1½ EL Meerrettich, wahlweise
  frisch gerieben oder aus
  dem Glas
1 Spritzer Zitronensaft
Salz, Pfeffer
evtl. etwas Senf zum
  Abschmecken

Küchenzeit 40 Min.

Taler **Sellerie** schälen, in gut 1 cm dicke Scheiben quer schneiden. In einem Topf mit reichlich Wasser kurz bissfest kochen. Herausnehmen und abkühlen lassen. Für die **Panade** auf einem Suppenteller die **Eier** verquirlen. Auf einem zweiten Teller das **Paniermehl** mit **Salz** und **Pfeffer** und der gehackten **Petersilie** mischen. Die Selleriescheiben gegebenenfalls trockentupfen, zuerst in Ei, dann in Panade wälzen. In einer Pfanne etwas **Sonnenblumenöl** erhitzen und die panierten Selleriescheiben von beiden Seiten knusprig anbraten. Auf Küchenpapier im Backofen warmstellen.

Béchamel Die Béchamelsauce (siehe Seite 58) kurz aufkochen. Dann **Meerrettich** zufügen und unterrühren. Abschmecken mit **Zitrone, Salz** und **Pfeffer** und vor dem Servieren mit gehackter **Petersilie** bestreuen.

Servieren Die Sellerietaler auf einer Platte anrichten und mit Meerrettich-Béchamel servieren.

Vegane Variante **Selleriescheiben** kochen, in einer Auflaufform anrichten, mit der veganen heißen **Béchamel** übergießen. Für den **Knuspereffekt:** Eine Mischung aus gerösteten gehackten **Mandeln** und zerbröselten **Cornflakes**, ungesüßt, und gehackter **Petersilie**, abgeschmeckt mit **Salz, Pfeffer** und **Cayennepfeffer** darüber streuen und servieren.

Supergut zu wissen Wenn Sie sich rundum mit fast allen Nährstoffen versorgen wollen, ohne groß zu rechnen, nur zu: SELLERIE ist ein spätes Gemüse. Er darf die ersten Frostnächte noch draußen verbringen. Dann wird er etwa zeitgleich mit Meerrettich geerntet. Auch geschmacklich harmonieren die beiden miteinander. Die Schärfe des einen betont die würzigen Aromen des anderen. Wenn möglich, kaufen Sie Sellerie mit Blattgrün und verwenden es wie Petersilie.

Radicchio-Spaghetti mit Shiitake

Die Mischung macht's

4 Portionen Spaghetti
500 g Spaghetti

Sahnesauce
1 rote Zwiebel
1 Zehe Knoblauch
1 Msp. Cayennepfeffer
4 EL Olivenöl zum Anrösten
200 g Shiitakepilze
Salz, Pfeffer
1 kleiner Radicchio
200 ml Sahne/Sojasahne
¼ Bund Petersilie
roter Pfeffer nach Geschmack

Küchenzeit 25 Min.

Salzwasser aufsetzen und die **Spaghetti** kochen.

Sahnesauce Währenddessen die **Zwiebel** würfeln, die **Knoblauchzehe** in feine Blättchen schneiden. Mit **Cayennepfeffer** gemischt in 1 bis 2 EL **Olivenöl** anrösten. Die **Pilze** säubern (mit Pinsel), in mundgerechte Stücke schneiden, dazugeben und mit etwas **Salz** gar braten. Vom **Radicchio** die Blätter ablösen, waschen, trocknen, in Streifen schneiden. In der Pfanne zusammenfallen lassen. Mit der **Sahne** ablöschen. Abschmecken mit **Salz** und **Pfeffer**.

Nudeln abgießen und in einer Schüssel mit 2 EL **Olivenöl** vermischen.

Servieren und Topping Die **Spaghetti** auf Tellern anrichten, mit dem **Gemüse** toppen. Mit gehackter **Petersilie** und **rotem Pfeffer** garnieren.

Supergut zu wissen RADICCHIO, ein Abkömmling der Zichorien, gehört zu den Bittersalaten. Durch Erwärmen wird sein herber Geschmack auf ein angenehmes Maß reduziert. Neben diesen verdauungsfördernden Bitterstoffen liefert er viel Kalium. Die günstigen Calcium-Phosphor-Werte ergänzen sich mit dem Vitamin-D-Gehalt des SHIITAKE und sind besonders im Winter, der »häuslichen« Jahreszeit, wichtig für eine gesunde Knochensubstanz. Mit den berühmten tausend Schritten nach dem Essen, gerne bei Sonnenschein, gönnen Sie sich ein kleines ganzheitliches Knochenaufbauprogramm.

Grünkohlboulette mit Kartoffelsalat
Klassisch modern

4 Bouletten
1 große Zwiebel
1 Zehe Knoblauch
1 EL Olivenöl
150 g Grünkern, geschrotet
50 g zarte Haferflocken
30 g Hanfsamen
550 ml Gemüsebrühe
  (DIY S. 50)
200 g Grünkohl
1 Ei/veganer Ei-Ersatz (S. 154)
Salz, Pfeffer, Cayennepfeffer
Öl zum Anbraten

Kartoffelsalat
500 g festkochende Kartoffeln
1 rote Zwiebel
1 EL Sonnenblumenöl
175 ml Brühe (DIY S. 50)
3 EL Weinessig
Salz, Pfeffer
1 TL Senf
3 – 4 Gewürzgurken
optional 2 Eier, hartgekocht
1 Bund Petersilie
Kürbiskernöl zum
  Abschmecken

Küchenzeit 60 Min.

Bouletten In einer Pfanne klein geschnittene **Zwiebel** und gehobelten **Knoblauch** in **Olivenöl** rösten. Den geschroteten **Grünkern**, **Haferflocken** und **Hanf** dazugeben und rühren. Mit der **Brühe** ablöschen, weiterrühren und aufkochen lassen. Bei ausgeschalteter Herdplatte 20 Minuten quellen lassen (Induktionsherd Stufe 1). Vom Herd nehmen, abkühlen lassen (wegen des Eies). **Grünkohl** waschen, putzen und fein schneiden, dämpfen, bis er fast weich ist. Kalt abschrecken und untermischen. Zuletzt das **Ei** unterrühren. Abschmecken mit **Salz, Pfeffer** und **Cayennepfeffer**. Mit feuchten Händen Bratlinge aus dem Teig formen und in **Öl** von beiden Seiten braten.

Kartoffelsalat **Kartoffeln** in Salzwasser 20 Minuten kochen, ausdampfen lassen und pellen. **Zwiebel** klein schneiden und in **Öl** kurz rösten. Mit der heißen **Brühe** ablöschen. Den **Weinessig, Salz, Pfeffer** und **Senf** zugeben. Die warmen Kartoffeln in Scheiben schneiden und unter den Zwiebelsud mischen. **Gewürzgurken** (und **Eier**) in Stücke schneiden, untermischen und ziehen lassen. **Petersilie** waschen, fein schneiden, unterrühren. Mit **Kürbiskernöl** und eventuell **Weinessig** abschmecken. Zu den Frikadellen reichen, gerne Senf dazu.

Supergut zu wissen

Unsere Winterfrikadelle mit GRÜN-KOHL ist ein Top-Superfood. Mit dem Getreide zusammen wird die Komplexität der Nährwerte noch erhöht. GRÜNKERN ist aus der Not unserer Breitengrade und kurzen Vegetationsperiode entstanden: Hinter seinem Namen versteckt sich Dinkel, vor der Reife geerntet und über Buchenfeuer getrocknet. Und siehe da: Eine neue Delikatesse mit besonders herzhaftem Rauchgeschmack war kreiert. Das würzig-rauchige Grünkernaroma und der nussige Superfood-Hanf ergänzen den kräftigen Geschmack des Grünkohls.

Tomaten-Linsen-Topf

Schnell – wärmend – mit inneren Werten

4 Portionen

Basilikum-Topping
12 Blätter Basilikum
4 EL gutes Olivenöl
etwas Salz

Tomaten-Linsen-Topf
200 g rote Linsen
450 ml Wasser
etwas Essig
1 kleine Zwiebel
2 EL Olivenöl
1 Zehe Knoblauch
je ¼ TL Oregano, Thymian
1 kleines Suppenbund (1 Möhre,
    1 Lauch, 2 EL Liebstöckel)
100 ml Rotwein/100 ml Wasser
1 große Dose ganze Tomaten
2 EL Tomatenmark
etwas Aceto balsamico
Salz, Pfeffer, Cayennepfeffer

Topping-Variation
¼ TL Kurkuma, 1 EL Tamari,
½ EL Sesamöl, geröstet

Küchenzeit 20 Min.

Basilikum-Topping Basilikumblätter waschen, trocknen und klein hacken. In **Olivenöl** und etwas **Salz** einlegen und beiseite stellen.

Tomaten-Linsen-Topf Linsen mit knapp ½ Liter **Wasser** ohne Salz in einem Topf aufkochen und ca. 15 Minuten leise köcheln lassen. Zum Ende der Garzeit salzen und mit 1 Schuss **Essig** würzen.

Die **Zwiebel** abziehen und sehr fein stückeln. In **Olivenöl** in einem Topf anrösten. Die **Knoblauchzehe** in feine Scheibchen schneiden und dazugeben, ebenso die **Kräuter**, und rühren. Die **Suppengemüse** putzen und sehr klein schneiden. In eine Pfanne geben und bissfest rösten. Mit dem **Rotwein** (Wasser) ablöschen, kurz aufkochen und in den Topf geben. Die **Tomaten** aus der Dose pürieren und zufügen. Mit etwas Flüssigkeit das **Tomatenmark** in einem Schüsselchen anrühren und dazugeben. Die fertig gekochten **Linsen** ebenso zufügen und unterrühren. Alles einmal kurz aufkochen. Schmecken Sie die Suppe mit etwas **Aceto balsamico, Salz, Pfeffer** und **Cayennepfeffer** pikant-scharf ab.

Servieren Zur Abrundung des Geschmacks und als dekoratives Element jeden Teller Suppe mit etwas **Basilikumöl** toppen.

Supergut zu wissen

TOMATEN sind in jeder Form gesund. Das charakteristische Lycopin, der rote antioxidative Farbstoff, findet sich in Dose und Tube sogar deutlich vermehrt. Das Lycopin ist außerdem besser bioverfügbar, wenn es wie hier mit Öl kombiniert wird. Tomaten befriedigen unser Umami-Bedürfnis, die herzhaft-würzige Geschmacksrichtung, die sich in der pflanzlichen Ernährung nicht so häufig finden lässt.

Die LINSEN machen den Eintopf angenehm sämig und bringen Substanz. Mit ihren Ballaststoffen halten sie die Verdauung in Schwung. Der relativ hohe Phosphorgehalt wird von den Tomaten ausgeglichen. ZWIEBEL, KNOBLAUCH und GEWÜRZE packen noch Nährstoffe und Geschmack obendrauf und sorgen für Bekömmlichkeit.

Grünkohl-Tomaten-Quiche
Viel Nährwert-Mehrwert

Für 1 Springform (28 cm)
250 g Dinkelmehl 1050
1 Prise Salz
125 g kalte Butter/
 Biomargarine
50 ml kaltes Wasser

Belag
2 getr. Tomaten
300 g Grünkohl
1 – 2 Möhren

Eiermilch
3 Eier
200 ml Milch
Salz, Pfeffer
1 Msp. Muskat
125 g Mozzarella

Vegane Variante
75 g Hartweizengrieß
225 ml Gemüsebrühe (DIY
 S. 50)
2 EL veganer Brotaufstrich aus
 Sonnenblumenkernen
1 Msp. Muskat
Salz nach Geschmack

Küchenzeit 90 Min.
Zubereitung 60 Min.
Teig kühlen 30 Min.

Boden Das **Vollkornmehl** und **Salz** mit der kalten **Butter** kurz mit dem Mixer kneten – kleine Butterstückchen im Teig sind von Vorteil. Kaltes **Wasser** zugeben, mixen und 30 Minuten im Kühlschrank ruhen lassen.
Den Backofen auf 200 °C vorheizen.

Belag Die **getrockneten Tomaten** ganz kurz in wenig Wasser aufkochen. Abkühlen lassen und klein hacken.
Grünkohlblätter waschen und von den Rippen befreien. Im Dämpfaufsatz über kochendem Wasser bei geschlossenem Topf ca. 5 Minuten garen, bis der Grünkohl bissfest ist. Eiskalt abschrecken. Grünkohlblätter klein hacken. **Möhren** schaben und in feine Scheibchen hobeln. Die **Tomaten** mit dem **Grünkohl** und den **Möhrenscheiben** mischen.
Die **Eier** mit der **Milch** verschlagen, gut mit **Salz**, **Pfeffer** und **Muskat** abschmecken.

Quiche Runde Springform einfetten. Den kalten **Teig** darauf ausrollen und einen Rand von 3 bis 4 cm hochziehen. Die **Gemüsemischung** darauf verteilen. Die **Eiermilch** darüber gießen. Zerpflückte **Mozzarella-stückchen** auf der Quiche verteilen.
Die Quiche bei 200 °C ca. 40 Minuten backen, bis die Eiermasse gestockt ist.

Vegane Variante Als Eiermilch-Ersatz **Hartweizengrieß, Gemüsebrühe** und **veganen Brotaufstrich** aus Sonnenblumenkernen würzen und zusammen kurz aufkochen. Auf den Gemüsebelag der Quiche geben und verstreichen. Backen wie beschrieben.

Supergut zu wissen GRÜNKOHL ist das Vitamin-C-reichste Gemüse. Seine Nährwerte sind außergewöhnlich hoch, das Chlorophyll hilft bei der Blutbildung, weitere sekundäre Pflanzenstoffe wirken antioxidativ. Die Pflanzenfaserstoffe sorgen für gute Verdauung und putzen und pflegen die Darmschleimhaut. Calciumreichtum und Kieselsäuregehalt sind Voraussetzung für stabile Knochen, für schöne Haare und Nägel. Darüber hinaus ist Grünkohl mitten im Winter frisch verfügbar. Zusammen mit der Tomate und Möhre sorgt er für einen herzhaften Umami-Geschmack und wärmt Leib und Seele.

Einkorn-Schoko-Grenadine
Einfach de luxe

4 Portionen
2 EL Mandeln
75 g Einkorn
1 Granatapfel
50 g dunkle Schokolade (70 %)
1 Prise Zimt
Schlagsahne od. Joghurt/
 Sojajoghurt

Küchenzeit
Zubereitung 40 Min.
Einweichen über Nacht

Am Vorabend Die **Mandeln** in einem kleinen Gefäß mit **Wasser** gut bedeckt ziehen lassen. **Einkorn** waschen, mit gut der doppelten Menge frischem **Wasser** ebenfalls über Nacht einweichen.

Am nächsten Tag Das **Getreide** im Einweichwasser ca. 30 Minuten kochen, bis die Körner angenehm zu kauen sind. Eventuell restliches Kochwasser abgießen und Einkorn abkühlen lassen. Die **Mandeln** grob hacken, lose Häutchen entfernen.
Granatapfel öffnen, die Kerne in einer Schüssel sammeln. Das **Getreide** zugeben. Die **Schokolade** raspeln und unterrühren. Mit einer Messerspitze **Zimt** würzen.
Nach Wunsch **geschlagene Sahne** oder **Joghurt** dazu reichen.

Tipp Wer die Öffnung eines Granatapfels auf besonders märchenhafte Weise sehen und hören will, wird auf YouTube fündig unter: Granatapfel öffne dich von Marietta Armena.

Supergut zu wissen
Die edle dunkle SCHOKOLADE stellt in diesem Rezept nicht den einzigen Luxus dar. Die kantigen, dunkelrot glänzenden Kerne des GRANATAPFELS erinnern an den gleichnamigen Edelstein und verleihen dem Dessert außer B-Vitaminen Frische und Saftigkeit. Granatapfel, Symbol für Fruchtbarkeit, war der schönen griechischen Göttin Aphrodite zugeordnet.
Nobelste Zutat aber ist EINKORN: Das alte heimische Getreide besticht mit einem deutlich nussigen Aroma, das sich durch den hohen Mineralstoffgehalt erklärt. Einkorn enthält weniger Gluten als Weizen, aber doppelt so viel wertvolle Proteine. Diese Aminosäuren brauchen wir für Nervenstoffwechsel und Herstellung von Adrenalin, Melatonin (Schlaf-wach-Rhythmus), Dopamin (Vitalkraft). Die charakteristische goldgelbe Farbe verdankt Einkorn seinem hohen Karotingehalt, der uns nutzt für gesundes Zellwachstum. Also nicht allein das stimmungsaufhellende Serotonin des Kakaos in der Schokolade wird Sie mit dieser Nachspeise glücklich machen!

Sanddorn-Apfelmus

Zwei Nordlichter

Etwa 3 Marmeladengläser
ca. 1 kg Äpfel
1 kleine Flasche Sanddorn-
Muttersaft (100 %)

Küchenzeit 25 Min.

Küchengeheimnis
60 g weißen Zucker mit 2 TL getrockneten, gehackten Lavendelblüten in ein kleines Schraubglas geben und gut schütteln. Nach ca. 1 Woche hat der Zucker das Aroma angenommen. Funktioniert auch mit sehr klein gehackten, getrockneten Rosmarinnadeln.

Mus Spülen Sie Schraubdeckelgläser in beliebiger, für Ihren Haushalt passender Größe gründlich sauber. Die Deckel in einem Topf Wasser kurz sprudelnd kochen lassen.

Die **Äpfel** schälen, vierteln und Kerngehäuse entfernen. In einen Topf mit wenig Wasser (1 bis 2 cm hoch) die Apfelstücke geben und bei mittlerer Hitze weich kochen. Vom Herd ziehen und pürieren. Bei einer Menge von 800 g Apfelmus fügen Sie etwa 200 ml ungesüßten **Sanddornsaft** zu (Mischungsverhältnis 4 : 1).

Zügig mit dem noch sehr heißen Mus die Gläser so voll wie möglich füllen. Nach dem Verschließen auf den Kopf stellen. Kühl und dunkel lagern.

Varianten Als fruchtiges Dessert ca. **100 g Apfelmus** pro Person rechnen. Vor dem Servieren 2 TL oder nach Geschmack **Rohrzucker** zufügen. Zu einer komplexeren Nachspeise wird es, indem Sie pro Person **50 g Sanddorn-Apfelmus** mit **50 g Schafsjoghurt reichen**. Mit Rosmarin- oder mit **Lavendelzucker** bestreut veredeln.

Supergut zu wissen

SANDDORN, diese orangen kleinen Früchte, wachsen an stachelig bewehrten Büschen hauptsächlich im Norden an der Küste, denn sie lieben durchlässigen Sandboden. Sie gelten als der Vitamin-C-Spender par excellence, deshalb werden sie vornehmlich in der Erkältungszeit zum Vorbeugen konsumiert. Daneben wird fast vergessen, dass im Sanddorn auch A-, E- und B-Vitamine sowie reichlich Spurenelemente vorhanden sind. Weiter punktet er mit Flavonoiden und Phytoöstrogenen. Seiner leicht öligen Konsistenz und den ungesättigten Fettsäuren verdankt er auch seinen Einsatz in der Hautpflege. Sanddorn ist sehr sauer. Umso erstaunlicher ist, wie ein einfaches Apfelmus mit Sanddorn zu einer richtigen Köstlichkeit avanciert. Als hätten die zwei sich gesucht und gefunden!

Apfel-Möhre-Hirse-Kuchen

Drei, die sich verstehen

Für 1 Springform (28 cm)
4 Eier/veganer Ei-Ersatz
  (siehe S. 154)
70 g Rübensirup
½ TL Biozitronenabrieb
1 Möhre
1 großer Apfel
80 g Hirsemehl
50 g Dinkelmehl
80 g Mandelmehl
1 TL Zimt
1 gestr. TL Backpulver
1 Prise Salz
optional Puderzucker

Küchenzeit 70 Min.
Zubereitung 20 Min.
Warten 40 plus 10 Min.

4 **Eier** trennen, Eiweiß zur Seite stellen.

Kuchenteig 4 **Eigelb** mit **Rübensirup** und **Zitronenschale** in einer Schüssel verrühren. Die geschälte **Möhre** sehr fein reiben. Den **Apfel** mit Schale grob raffeln, Kerngehäuse auslassen. Beides unter die Eigelbmischung geben. **Hirse-, Dinkel-, Mandelmehl, Zimt** und **Backpulver** mischen und unterrühren. 40 Minuten quellen lassen. Springform gut einfetten.

4 **Eiweiß** mit **Salz** steif schlagen und vorsichtig unter den Teig heben. In die Kuchenform geben, glattstreichen und in den kalten Backofen auf die unterste Leiste schieben. Bei 180 °C etwa 45 Minuten backen. 10 Minuten im ausgeschalteten Ofen ruhen, dann auskühlen lassen.
Sie können vor dem Servieren den Kuchen mit **Puderzucker** überstäuben.

Tipp Herkömmliches **Backpulver** mit seinen Aluminiumsalzen hemmt die Aufnahme von Fluor, das beispielsweise in Hirse vorkommt und für Zahn- und Knochengesundheit wichtig ist. Deshalb empfehlen wir Weinsteinbackpulver aus dem Bioladen.

Supergut zu wissen Die MÖHRE ist bekannt für ihr auf die Augen wirkendes Beta-Carotin; je mehr der orangen Farbe, desto besser. Dass sie aber auch UV-Schutz bieten kann, weiß nicht jeder, und sie ist ein natürlicher Lieferant von Natrium, zuständig für unseren Wasserhaushalt. Hirse und Apfel mit ihren B- und weiteren Vitaminen vervollständigen die Nährstoffpalette.
Dieser zutatenreiche Kuchen ist am nächsten Tag gut durchgezogen und noch ein bisschen leckerer. Er eignet sich hervorragend zum Five-o'clock-Tea: Schwarzer oder grüner Tee mit dem Spurenelement Mangan unterstützt die Aufnahme von Beta-Carotin und B1. Mit zwei Tassen haben Sie bereits Ihren Tagesbedarf an Mangan auf angenehme Weise gedeckt.

Jannes Schlehenlikör

Guter Geist in der Flasche

Etwas mehr als 1 Liter
480 g Schlehen
0,7 l Wodka
180 g brauner Kandis
1 Stange Zimt
1 Stange Vanille, längs
   aufgeschlitzt

Küchenzeit
Zubereitung 10 Min.
Ziehenlassen 3 Monate

Likörmischung Schlehen nach dem ersten Frost sammeln. Waschen und in die **Alkohol-Zucker-Gewürzmischung** direkt in schöne Flaschen geben und verschließen.

Geduld Während des neugierigen Wartens, bis der Likör endlich probiert werden kann, immer wieder einmal durch ruhiges Bewegen die Schichten in den Flaschen mischen. Dunkel und kühl mindestens 3 Monate ziehen lassen. Gerne auch länger, falls dieser superleckere Likör beim Verkosten mit Gästen nicht gleich ausgetrunken wird. Nach etwa 6 Monaten sollte man den Likör ohne Früchte zum Lagern in Flaschen umgießen.

Tipp Wie erkennt man einen guten Klaren ohne Kopfschmerzpotenzial? Ein paar Tropfen zwischen den Handflächen verreiben, bis sich der Alkohol verflüchtigt hat. Riecht man dann ein frisches reines Aroma, ist der Schnaps gut.

Supergut zu wissen

Schlehenbüsche, in ganz Mitteleuropa als stachelbewehrte Heckenpflanzen vertreten, locken im Frühjahr zahlreiche Insekten zu ihren zarten weißen Blüten. Aus ihnen kann übrigens ein Teeauszug hergestellt werden, der bei Durchfall hilft. Im Herbst erfreuen die Büsche uns mit ihren blauen dekorativen Kugeln. Der erste Frost macht die kleinen herben Pflaumen milder. SCHLEHEN bieten neben ihren Anthocyanen jede Menge Tannine. Diese Gerbstoffe sollen beruhigend wirken. Das enthaltene Pektin dürfte helfen, die Verdauung zu regulieren. Die Schlehe gilt aber auch als appetitanregend, weshalb früher das Mus in der Rekonvaleszenz eingesetzt wurde. Ein Auszug ist als Gurgellösung bei Entzündungen im Mund- und Rachenraum hilfreich. Aber ganz ehrlich: Schlehen schmecken nicht wirklich gut – außer sie landen wie hier in einem Likör. Wie anderes Obst auch verteidigt die Schlehe ihre Samen gegen Fraßfeinde mit Blausäure – also die Kerne bitte nicht verzehren oder aufbeißen.

Die Rezepte im Überblick

154 SUPERFOODS AUS DER HEIMAT
Anhang

Stichwortverzeichnis

Zutaten in Rezepten, Superfood-Info in Rot, → bedeutet *siehe*

Ersatz-Nahrungsmittel

Allgemein vegan

http://www.veganwelt.de/inhalt/kochen/k-ersatz.html

Mehle ohne Gluten

Glutenfreies Mehl unter: http://www.pures-geniessen.com/uebersicht-glutenfreie-mehlsorten.html

oder: http://www.govinda-natur.de/shop/Bio-Naturkost/

Ei-Ersatz

- Chia-Gel als Ei-Ersatz oder Geliermittel: 1 EL Chia auf 6 EL Wasser, 20 Minuten quellen lassen (siehe Rezept S. 72).
- 1 EL Sojamehl auf 2 EL Wasser, etwas quellen lassen (siehe Rezept S. 46)

- 2 – 3 EL Apfelmus oder ½ gemuste Banane in Gebäck entspricht etwa 1 Ei.
- 1 EL Süßlupinenmehl mit 1 EL Wasser verrührt ersetzt 1 Ei (Achtung: Kreuzallergie möglich zu Erdnuss und evtl. Heuschnupfen!) oder andere Stärke: Maisstärke, Pfeilwurzstärke, Kartoffelstärke, Guarkern- oder Johannisbrotkernmehl.
- 60 g Seidentofu, cremig gerührt, kann 1 Ei in Süßspeisen ersetzen.
- Ei-Ersatz-Pulver im Reformhaus, gut sortierten Bio-Läden oder online.

Weiteres unter: https://vebu.de/essen-genuss/pflanzliche-alternativen/

Quellen

Fußnoten und Links

(aufgerufen vom 20. 9. – 20. 12. 2015)

1 http://www.sueddeutsche.de/gesundheit/eisenversorgung-vege-tarier-muessen-keinen-eisenmangel-fuerchten-1.1343328-2
2 http://www.ernaehrung-bw.de/pb/,Lde/Startseite/Empfehlungen/Kohlenhydrate_+Fett+und+Eiweiss+_+Hauptnaehrstoffe+im+Ueberblick/?LISTPAGE=1063164
3 Zahlen der Sendung »Die Zuckerlüge« entnommen, ausgestrahlt in ARTE, 13.10.2015, 20.15 Uhr
4 http://www.drfuhrman.com/library/andi-food-scores.aspx
5 http://www.ima-agrar.de/fileadmin/redaktion/download/pdf/materialien/si_getreide.pdf

http://behr-ag.com/uploads/tx_behrproducts/Erntekalender_BEHR.pdf
http://de.statista.com/statistik/daten/studie/28887/umfrage/anbauflaeche-von-getreide-in-deutschland-seit-1960/
http://universal_lexikon.deacademic.com/303571/Spelzgetreide
http://www.aerztezeitung.de/medizin/krankheiten/herzkreislauf/schlaganfall/article/830450/schlaganfall-fetter-fisch-schuetzt-fischfett-nicht.html
http://www.aok-business.de/gesundheit/ernaehrung/fleischlos-gesund/die-vegetarische-ernaehrungspyramide/
http://www.apotheken-umschau.de
http://www.bechterew.de
http://www.bfr.bund.de
http://www.biolandhof-knauf.de/produkte/emmer
http://www.brigitte.de/figur/ernaehrung/superfood-1202046
http://www.chiemgaukorn.com/Was-ist-Einkorn.htm
http://www.daserste.de/information/wissen-kultur/w-wie-wissen/sendung/2012/glutenfrei-100.html

http://www.deutschesee.de
http://www.fid-gesundheitswissen.de
http://www.gartenakademie.rlp.de
http://www.getreidemuehlen.de/blog/mehltyp/2011/01/17/
http://www.henriettes-herb.com
http://www.hirsemuehle.de/hirse_htmls/hirse_wiedereinfuehrung.htm
http://www.huehner-haltung.de/winter/futter.html
http://www.initiative-urgetreide.de
http://www.jean-puetz-produkte.de
http://www.kraeuter-buch.de
http://www.n-tv.de/wissen/Krebshemmer-Obst-und-Gemuese-article30574.html
http://www.pharmazeutische-zeitung.de/index.php
http://www.planet-wissen.de/
http://www.senioren-ratgeber.de
http://www.stern.de/gesundheit/ernaehrung/grundlagen/fettsaeuren-gesundes-fett-in-fisch-und-pflanzen-3090034.htm
http://www.uni-protokolle.de/Lexikon/Veganismus.html
http://www.welt.de/gesundheit/article13586097/Fisch-die-unterschaetzte-Vitaminbombe.html
http://www.wissensforum-backwaren.de
http://www.zeit.de/2013/48/gluten-unvertraeglichkeit/
https://vebu.de/themen/gesundheit/naehrstoffe/vitamin-b12 (Vitamin B12-Liste)
https://www.aid.de
https://www.kochenohne.de/allergien
https://www.ugb.de
https://www.wikipedia.de

Literatur

Betken, Antje: *Wohlfühlkarten – 36 Superfoods,* Krummwisch 2014
Enders, Giulia: *Darm mit Charme,* 40. Aufl., Berlin 2015
Gruber, Julia: *Heilkraft aus der täglichen Nahrung,* Krummwisch 2013
Hof Jebel/Altmark: *Biogartenversand Katalog 2015*
Katz, Sandor Felix: *The Art of Fermentation,* Chelsea Green Publishing, USA 2012
Körber-Grohne, Udelgard: *Nutzpflanzen in Deutschland,* Stuttgart 1995
Lazar, Claudia/Cordes, Monika: *Superfood, Starterset-Booklet,* Krummwisch 2015

Leitzmann, Claus/Keller, Markus: *Vegetarische Ernährung,* 3. Aufl., Stuttgart 2013
Morris, Julie: *Superfood Küche,* Krummwisch 2014, deutschsprachige Ausgabe
Petter, Katharina/Pohlmann, Tobias: *Die große Vegane Nährwerttabelle,* Wien 2007
Zittlau, Dr. Jörg: *Der Lebensmittel-Doktor,* München 2005

Bildquellen

wenn nicht anders gekennzeichnet: www.fotolia.com

❙ S. 6 ff. ©: Natalia Klenova ❙ S. 7: Marktstand © Dangubic ❙ S. 8 ff.: Ausrufezeichen © Magdalena Kucova ❙ S. 11: Beet mit Kohl und Blattgemüse © stockpics ❙ S. 14: Beeren © Stefanie Lindorf ❙ S. 15: Rohrzucker © emuck ❙ S. 16: Öl © denira ❙ S. 17, 18, 34, 35: Getreide © Björn Wylezich ❙ S. 18: Getreidehalme © RRF ❙ S. 19: Fast Food © Mara Zemgaliete ❙ S. 20 ff.: Kohlsorten © Wolfgang Jargstorff ❙ S. 22: fermentiertes Gemüse: Claudia Lazar ❙ S. 23: Sprossen © Printemps ❙ S. 24: Kräuteröl © byheaven ❙ S. 25: Dämpfen © leszekglasner ❙ S. 27: Beete mit Gemüse © Luciano P. + Salatblätter © Barbara Pheby ❙ S. 28: Erbsen © Björn Wylezich ❙ S. 29: Zwiebelartige im Korb © Johanna Mühlbauer + Zwiebeln © msk.nina ❙ S. 30: Wurzelgemüse © TwilightArtPictures ❙ S. 31: Artischocke © Pixelot + Spargel © mates ❙ S. 32: Beerenmischung © dream79 ❙ S. 33: Sanddorn © Igor Normann + Felsenbirne © Viola F. Holtz ❙ S. 35: Emmer © Johanna Mühlbauer ❙ S. 36: Nüsse © adrian_am13 ❙ S. 37: Saaten © romantsubin + Chia © Diana Taliun ❙ S. 38, 39: Kräuter © Yasonya ❙ S. 39: Kräuter und Gewürze © Natalia Klenova ❙ S. 40: Milchprodukte © Paulista ❙ S. 41: Milchprodukte © karandaev ❙ S. 44 ff.: Bärlauch © photocrew ❙ S. 45: Radieschenblatt-Pesto © LiliGraphie ❙ S. 47: Falafel mit Baby-Leaves © PicciaNeri ❙ S. 49: Dicke-Bohnen-Salat © bit24 ❙ S. 51: Hirse-Bärlauch-Plätzchen © nata_vkusidey ❙ S. 42 + 53: Granatapfel-Wildkräuter-Salat © www.stockfood.de / Eising Studio - Food Photo & Video ❙ S. 54: Buchweizenrisotto © S.E. shooting ❙ S. 55: Grüne Salatsuppe © kitchenkiss.de ❙ S. 57: Orangen-Fenchel-Salat © vanillaechoes ❙ S. 59: Brennnessel- und Spinat-Cannelloni © kitty ❙ S. 61: Rumänische Fischsuppe © Comugnero Silvana ❙ S. 63: Gebackene Kartoffeln mit Mangoldfüllung © kab-vision ❙ S. 65: Pfannkuchen mit grünem Spargel © TwilightArtPictures ❙ S. 67: Zuckerschoten zu Schupfnudeln © kab-vision ❙ S. 68: Apfel-Löwenzahn-Tarte © HLPhoto ❙ S. 69: Kiwi in weißem Traubensaft-Gelee © Printemps ❙ S. 71: Pudding mit Rhabarber © zoryanchik ❙ S. 73: Erdbeer-Chia-Shake © Natasha Breen ❙ S. 74 ff.: Gemüse © Tim UR ❙ S. 75: Kekse mit grünem Sommergemüse © StockFood / PhotoCuisine / Christian Adam ❙ S. 77: Coeur de Boeuf-Tomatensalat © thomasklee ❙ S. 79: Pikante Brokkoli-Pralinés © fahrwasser ❙ S. 81: Kohlrabi-Carpaccio © sonnenflut products ❙ S. 83: Schnelle Wassermelonen-Gazpacho © svetlana kolpakova ❙ S. 85: Grünes Risotto © S.E. shooting ❙ S. 87: Auberginen-Tomaten-Auflauf © sgabby2001 ❙ S. 89: Zucchini-Tagliatelle © ld1976 ❙ S. 91: Flammkuchen © Christian Fischer ❙ S. 93: Sommerliches Gersten-Tabouleh © kristina rütten ❙ S. 95: Fenchel mit Veggie-Geschnetzeltem © Kitty ❙ S. 97: Süßkartoffel-Brownie © matka_Wariatka ❙ S. 99: Walnuss-Aprikosen-Torte © istetiana ❙ S. 100: Blaue Beere und weiße Creme © Barbara Pheby ❙ S. 101: Holunder-Sangria © Joshua Resnick ❙ S. 102 ff.: Kürbisse © Alexander Raths ❙ S. 103: Bunter Bürosalat © sarsmis ❙ S. 104: Bete-Ketchup & Meerrettichcreme © sitriel ❙ S. 105: Quittenbrot mit Ziegenkäse © funkyfrogstock ❙ S. 107: Kleines Sandwich mit Roter Bete © sarsmis ❙ S. 109: Artischocke gedippt © Maren Winter ❙ S. 111: Drei-Wurzel-Kokos-Süppchen © Kitty ❙ S. 112 + 113: Spätsommer-Salat mit Pak Choi © Brebca ❙ S. 115: Gefüllte Paprika © zi3000 ❙ S. 117: Wurzelgenüsse vom Blech © Mikhail Malyugin ❙ S. 119: Gefüllter Wirsing mit Einkorn © zoryanchik ❙ S. 121: Mangold-Tagliolini-Nest © Studio Gi ❙ S. 123: Kohlrabi-Kartoffel-Gratin © superfood ❙ S. 125: Maronencreme mit marinierter Pflaume © zoryanchik ❙ S. 126: Kürbis-Zimtwaffel mit Birnen © kzdanowska ❙ S. 127: Müsli-»to go«-Minis © lily_rocha ❙ S. 129: Warmer Bananensmoothie orange © severga ❙ S. 131: Topinambursalat mit Apfel © Claudia Lazar ❙ S. 133: Avocadocreme mit rotem Kaviar © sarsmis ❙ S. 135: Super-Coleslaw-Burger © Brent Hofacker ❙ S. 136: Salat von Roten Beten © nsahraj ❙ S. 137: Klare Lauchbouillon mit Eierstich © fredredhat ❙ S. 139: Gebackener Rosenkohl mit Mandeln © Vitalina Rybakova ❙ S. 140: Sellerietaler mit Meerrettich-Béchamel © A_Lein ❙ S. 141: Radicchio-Spaghetti mit Shiitake © pieropoma ❙ S. 142: Boulette© azurita + Kartoffelsalat ©Brent Hofacker ❙ S. 145: Tomaten-Linsen-Topf © losangela ❙ S. 147: Grünkohl-Tomaten-Quiche ©pieropoma ❙ S. 148: Einkorn-Schoko-Grenadine © aliengel ❙ S. 149: Sanddorn-Apfelmus © PhotoSG ❙ S. 151: Apfel-Möhre-Hirse-Kuchen © minadezhda ❙ S. 153: Jannes Schlehenlikör © garteneidechse ❙

Danksagung

Einen ganz herzlichen Dank an all die Helfer, die uns bei Recherche und Schreiben an diesem Buch unterstützt haben. Viel Lob geht an den Verlag und unsere Projektleiterin. Mit Einfühlungsvermögen und konstruktiver Kritik hat sie uns ermutigt, unseren Weg zu gehen. Der bewundernswerten Frau vom Layout mit ihren kreativen und praktikablen Ideen sind wir sehr verbunden. Ein Lob an die stille Frau im Hintergrund, die manche Textstelle geglättet hat. Das Team unseres Bioladens um die Ecke war hilfreich bei den Entdeckungen im Getreidebereich und stets bereit, uns neues Altes zu bestellen. Und – last but not least – wollen wir uns bei Valentin Lazar bedanken, der nicht nur Rezepte beisteuerte, sondern uns zum Krafterhalt wunderbar bekocht, uns zu kreativen Pausen animiert und sich als begeisterter Testesser ausgewiesen hat.